现代英语
教学方法研究

陈 艳 贠 楠 张倩倩 ◎ 著

世界图书出版公司
广州·上海·西安·北京

图书在版编目（CIP）数据

现代英语教学方法研究 / 陈艳，负楠，张倩倩著 . -- 广州：世界图书出版广东有限公司，2019.12（2021.3 重印）
ISBN 978-7-5192-7165-7

Ⅰ．①现… Ⅱ．①陈… ②负… ③张… Ⅲ．①英语—教学研究 Ⅳ．① H319.3

中国版本图书馆 CIP 数据核字（2019）第 299064 号

书　　　名	现代英语教学方法研究 XIANDAI YINGYU JIAOXUE FANGFA YANJIU
著　　　者	陈艳　负楠　张倩倩
责 任 编 辑	程　静　曹桔方
装 帧 设 计	梁浩飞
责 任 技 编	刘上锦
出 版 发 行	世界图书出版广东有限公司
地　　　址	广州市新港西路大江冲 25 号
邮　　　编	510300
电　　　话	020-84451969　84453623　84184026　84459579
网　　　址	http://www.gdst.com.cn
邮　　　箱	wpc_gdst@163.com
经　　　销	各地新华书店
印　　　刷	广州市迪桦彩印有限公司
开　　　本	787mm×1092 mm　1/16
印　　　张	12
字　　　数	198 千字
版　　　次	2019 年 12 月第 1 版　2021 年 3 月第 2 次印刷
国 际 书 号	ISBN 978-7-5192-7165-7
定　　　价	48.00 元

版权所有　翻印必究

咨询、投稿：020-84451258　gdstchj@126.com

前　言

在人类文明的发展历程和具体的生产实践中，语言是人际交往的重要工具，语言与每个个体息息相关。但是，提及语言，人们对它的了解和认识大多比较浅显，且缺乏系统性。事实上，语言不仅仅是个工具，也是一门学科，它的背后还有自身的系统知识与理论的强有力支撑。在现代英语学习中，越来越多的人认识到英语作为一门外语在当今社会的重要性。

步入当代，外语教学研究在我国成为一个广受关注的领域，相应地，大学英语教学的研究视野也伴随着时代的发展开始从微观世界转向宏观世界，许多研究人员和教师都在这一领域里默默地耕耘着。目前，我国大学英语教学已进入了新的发展阶段，着力提高学生在学习中对问题的分析、推理和判断等综合能力，提高他们表达个人独立的思想和观点的能力，促进学生的全面发展，成为大学英语教学新的目标和发展方向。

本书主要以现代英语教学法为基础，分别对现代英语教学概论、英语教学的相关理论分析、英语教学中的常用方法、英语知识教学方法与策略培养、英语技能教学方法与策略培养、MOOC资源在我国大学英语教学中的应用研究、基于翻转课堂的英语教学设计与应用研究进行论述，以期高校培养出更多全面发展的优秀人才。

本书涵盖了几方面特色：一是整体性，作者对大学英语教学法研究进行了全面的探讨和解读，结合实际状况从多个方面和角度做出了相关的阐述；二是趣味性，作者通过相关的事例对书中的理论和专业内容进行了不同程度地补充说明，便于读者更好地阅读和理解。

在编写本书的过程中，作者得到了许多专家和同仁的指导和帮助，在此一并表示感谢。由于本人水平有限、时间仓促，疏漏之处在所难免，敬请各位专家和读者批评指正，以便修改完善。

目　录

第一章　现代英语教学概论 ··· 1
　　第一节　英语教学的基本概念 ··· 1
　　第二节　英语教学的因素分析 ··· 4
　　第三节　英语教学的过程原理 ··· 17
　　第四节　现代英语教学的原则 ··· 28

第二章　英语教学的相关理论分析 ·· 33
　　第一节　英语教学的哲学理论基础 ·· 33
　　第二节　英语教学的语言学理论基础 ·· 41
　　第三节　英语教学的心理学理论基础 ·· 44

第三章　英语教学中的常用方法 ·· 48
　　第一节　语法翻译法与直接法 ··· 48
　　第二节　情景法与听说法 ··· 53
　　第三节　认知法与交际法 ··· 60
　　第四节　全身反应法与任务型语言教学法 ···································· 66

第四章　英语知识教学设计方法与学习策略的培养 ························ 72
　　第一节　语法教学设计方法与学习策略的培养 ······························ 72
　　第二节　词汇教学设计方法与学习策略的培养 ······························ 81

第五章　英语技能的教学方法与策略培养 ···································· 86
　　第一节　听力学习障碍及听力策略 ·· 86
　　第二节　口语教学的原则与新方法 ·· 92
　　第三节　阅读教学设计与学习策略培养 ······································· 98

  第四节　英语写作教学设计 …………………………………… 109

第六章　MOOC 资源在我国大学英语教学中的应用研究 ………118
  第一节　我国英语教学中 MOOC 资源的应用 ………………… 118
  第二节　MOOC 资源对英语教学的促进作用 ………………… 125
  第三节　英语教学中 MOOC 资源的开发与应用策略 ………… 136

第七章　基于翻转课堂的英语教学设计与应用研究 ……………… 143
  第一节　翻转课堂教学方法的理论探究 ………………………… 143
  第二节　基于翻转课堂思想的高校英语教学设计 ……………… 156
  第三节　翻转课堂在高校英语教学中的应用 …………………… 165

参考文献 ……………………………………………………………… 183

第一章 现代英语教学概论

在英语教学中先后出现的教学法与教学范式都曾受到当时特定的教学理念的指导，这些理念涉及语言教学和学习，都是学者们研究和实践的结晶。以理论为基础可以在很大程度上减少教学的随意性、盲从性和无序性，促进教学水平的提高，这也是多种多样的教学法应运而生的主要原因。本章通过对英语教学的基本概念进行解析，分析英语教学的因素、过程原理及现代英语教学的原则。

第一节 英语教学的基本概念

一、教育与教学的概念

（一）教育的概念

教育对人类的存在与发展起着重要的作用，这是因为教育既传承了人类的既有经验，又把单独的个体培养作为社会的组成部分。"教育"一词在汉语中可以分为两个部分："教"和"育"，它们分别有"上施下效""使之为善"之义。然而，英语中的education（教育）则是指"导出"，教育的学术性定义正是基于这一语义而形成的。

学术界对教育的定义与分类有很多：①教育是纲领性的定义、规定性的定义和描述性的定义，不同的定义都在各说各话；②教育可以分为作为机构的教育、作为内容的教育、作为活动的教育和作为结果的教育；③教育是培养新生一代准备从事社会生活的整个过程，也是人类社会的生产经验得以继承和发扬的关键环节，主要指学校对适龄儿童、少年、青年进行培养的过程；④教育是传递社会生活经验并培养人才的社会活动，学校教育则是根据一定的社会要求和受教育者的发展需要，有目的、有计划、有组织地对受教育者施加影响，以培养一定社会所需要的人才的活动。

此外，我国还有不少学者试图为教育下一个准确的定义：①教育的真义就是价值引导与自主建构的统一。奠基于价值引导与自主建构相统一的教育，从学生的成长过程来说，是精神的唤醒、潜能的显发、内心的敞亮、主体性的弘扬和独特性的彰显；从师生共同活动的角度来说，是经验的共享、视界的融合和灵魂的感召；②教育是有意识的、以影响人的身心发展为直接目标的社会活动。

综合以上观点可知，教育是一种可以引导人类发展的活动。因此，教育的内涵必然涉及两个要素：引导与发展。引导说明教育是有目的的活动，"使之向善"是其最根本的目的。引导还说明教育不是强制性的活动，也不可能强制，如不可能强制学生掌握知识、技能和树立价值观。发展是指学生的发展，教育能否最终实现其目的，主要在于学生是否能得到与所设定目标一致的发展。

(二) 教学的概念

教学是教育中的一个重要因素，既是一种基本因素，又是一种复杂因素。研究教育必然要对教学的相关概念有所了解。

对界定教学与教育之间的关系，最基本的说法就是，教学是教育活动的一种，是发生在师生之间的一种学习活动。对学生来说，教学是借助教师的引导而发生的活动；对教师来说，教学是引导学生进行自主学习的活动。这些活动必须要有目的，以严密的计划组织、引导学生学习。而判断教学是否成功的一个重要指标就是学生的身心能否得到全面发展。

师生之间的关系是教学活动中最重要的关系。教师传授自己的知识，学生进行学习并获得身心的全面发展。教师需要引导学生去主动学习知识技能，实现自身能力的提升，促进审美价值的实现，形成正确的人生观及价值观。这个过程需要教师和学生共同完成。师生是教学活动的双主体，如果没有教师的讲授，或者没有学生积极、主动地参与学习，那么就不存在教学活动。教与学必须统一在一起，才能实现教学活动。

从师生关系来说，教师起引导作用，学生起主导作用，两者相互作用共同完成教学任务。在学校教育的诸多任务中，教学始终是最核心的任务。它目标明确，即使每一门学科具有相同的教学目的，各自的教学目标也是不同的。而不同学段、不同学年、不同学期、不同星期都会有教学目标的变化，且教材、活动、课文的变化也会引起教学目标的改变。

教学的目的就是传授人类的知识技能，也要把人类关于生存的各种经验向后代传递下去。因此，教学的内容一定要具体，把生存经验和知识技能都以具体的教学内容呈现出来。教学内容要有一定的层次性，这是因为教学是一种计划性、系统性教育活动，如教学计划、课程计划等，以这些形式来分层次呈现教学内容。这些计划的制订并不是随机的，而是教育机构、学校和教师经过长期科学的研究而得出的。

在当今社会中，教学的实施形式不再单一，而是会借助有效的教育技术或方法。教学的演变历史悠久，在实践的积累中形成了多种行之有效的方法。信息技术的快速发展，使得教学可以借助形式多样的技术得以实现。因而，教学必须有计划地教授系统内容，依照既定目标，依托有效的技术与方法，使教师能够引导学生学会知识、掌握技能、拓宽眼界，促进学生身心的全面健康发展。

二、英语教学的实质

一般认为英语教学只是语言教学，只要让学生能够自如地使用这门语言就可以了。但其实英语教学更是一种文化教学，还要让学生通过学习英语来研究英语文化，而不仅仅是会说英语。学习英语也是为了能够借助英语来研究相关知识，如学习古埃及语、古希腊语等，这些语言已经没人再使用，但依旧会有学者进行学习和研究。

要想研究英语，首先要学会英语。对中国的学生来说，中文是其母语，而英语是外语。回首各国外语教学的发展历程，如果学生已经初步形成了运用母语的能力，则在他们学习外语时一定要传授其外语知识，只有这样才能更好地使学生掌握和运用外语。所以，在英语的语言教学中，一定要把提高学生使用英语的能力放在首位。

英语作为语言的一种，也是承载文化的重要载体。因此，英语的教学本质上是文化的教学。

第二节　英语教学的因素分析

教学设计不仅要确定语言内容的组织和安排，还要依据国家的政策、教育目的、教育目标，并在当时各种不同的环境因素和条件下，尽可能成功、有效地实施教学计划，其中包括语言学习的规律、语言知识、学生特点、教学环境、管理模式等各方面的因素。其中很重要的一步，就是对国家政策、教育目标和环境及学生的需求进行分析。

一个国家是否开设外语课、何时开设外语课、开设何种外语课、每种外语课在何时开设等许多问题实际上都是由该国的外语教学政策决定的。20世纪五六十年代，我国开设的外语课主要是俄语，而现在主要是英语，这其实涉及国家的外语教学政策。外语课程的设计脱离不了国家的整体外语教学政策。国家在制定外语教学政策时应该从国防、外交与国际交往、对外经济贸易、对外司法和国内社会公共安全五个层面进行考虑。课程设计者要从国家整体外语教育政策来考虑课程的目标和内容。

显然，英语课程设计者或明确或含糊地对以上问题持有自己的构想，比如，如何看待英语的影响与作用。世界上的语言有很多种，而英语是其中使用范围最广的一种语言，出现在教育、科技和经济的各个领域里。目前有接近85%的国际组织把英语当作沟通语言，而90%的学术类文章使用英语。

我国的发展速度日益加快，社会经济也在向前发展，因此，各行各业都需要使用英语。宽泛地来说，英语已经成为日常生活中必不可缺少的一种沟通语言。在这个过程中，西方文化也伴随着英语的演变，改变着人们的思想和理念，这种改变不是英语所能控制的。因此，能够熟练掌握英语，已经成为经济贸易、教育、科技、国际贸易等行业的硬性要求。众所周知，基础教育是要能满足每一个人的发展需要。所以英语应该在未来一段时间内，在基础教育中居于主课地位。

然而，外语教学是一把"双刃剑"，既有有利的一面，也可能对国家、民族文化、经济和学生的思想意识带来负面影响，并不一定符合国家的长远利益。因此，在制定英语教学政策时，还要考虑经济和文化等诸多问题，尤其是评价和测试。例如，很多学校以国外的测试为录取学生的依据，英语国家也在我国大力推广其英语考试，而我国教育界往往也乐于采用这些测试的成绩作为学生语言能力的证明。这显然不符合我国教育的目标，因为这些测试大部分是为考查学生去英语国家学习的能力而设计的，试题选取的话题和语境通常是英语国家的日常生活，如购物、旅行、求医等，并非我国这种非英语环境下使用英语的话题。而且，我国绝大多数学生学习英语并不是为了出国。同时，也要明白，国外机构推动英语测评的背后还包含着巨大的利益关系，经济是驱动英语教学的发动机。因此，语言知识是有利益关系的（interested），永远要把教育的社会环境、政治和经济因素考虑进去。

但是，仅仅从工具性的角度考虑英语教学，视野未免过于狭窄，还需要课程设计者和评价决策者从更高的层面审视英语教学、测试等对国家文化、经济和学生的影响。在评价课程的实效、评价教师的教学成果时，还需要从宏观政策层面、从教育规划可能对课程设置所产生的影响和限制方面来讨论。

国家在制定课程时，还要考虑学科学习的规律。外语学习需要接触足够的语言输入，因此，其频度会直接影响教学的效率和产出。有些人认为小学英语教学效果不好、费时较多，不如将课时让给语文课，但是很少有人研究英语最少要每周开设多少课时，才能达到理想的程度。例如，在我国这种缺乏英语语言环境的情况下学习英语，需要多少时间才可以达到某种水平，还缺乏科学的依据。一周开设 1~2 节英语课和开设 5 节英语课之间有什么区别，也没有科学的实证研究。其实国外有大量研究表明，如果每周只有2~3课时，即使学生从很小就开始学，也难以真正学到什么东西。由于课时太少而效果不好，可能使人们批评英语教学的效率与教师的能力，进而对是否值得开设英语课提出质疑。

因此，国家外语语言政策与外语教育规划的制定者需要做大量的理论研究、实证研究和调查，还需要英语教学研究者及教师的参与。正如张连仲所指出的，重要的是决策部门在研究和出台政策方案时体现出的科学民主素养，……调研、探讨、对专业团队的咨询、广泛的社会意见征集、与各方面有意义的交流和沟通、对有价值意见的反馈与对话。学生、教师、教学内容、教材、教学环境和教学设计是英语教学中不可或缺的组成部分，以下将对这些构成因素进行阐述。

一、学生方面

（一）学生角色

全体学生都应该成为英语教学的对象。英语教学要关注学生的学习方式，努力提高学生学习英语的兴趣和愿望，培养良好的学习习惯，提升学习英语的能力。除此之外，还要关注学生自评、鼓励、反馈和纠正等行为，帮助学生促进身心的健康发展。学生的角色有了新的阐释，具体可以有以下四个方面：

（1）学生的主体地位。在任何学习中，学生都是学习的主体，没有学生对知识的积极探索、理解消化等行为，便不存在英语教学行为。以学生为主体，可以极大地促进学生学习知识、搭建知识体系，推动学生三观（世界观、人生观、价值观）的积极形成。

（2）学生是参与者。在教学活动中，学生不是被动地接受，而应该是积极、主动地做课堂的参与者。因此，教师要注重激发学生的积极性和主动性，让他们积极参与教学活动，享受学习乐趣，积极动脑，有自己独特的观点与想法，并勇于表达出来，使自己的才能得到发挥。

（3）学生是合作者。在英语学习的过程中，教与学是统一的，是在师生、生生之间进行的。因此，学生要学会和教师、同学合作。在合作中，学生可提高互助协作的能力，共同提升各方面的能力。

（4）学生是反馈者。学生是学习的主体。他们能够根据自己学习的情况，及时向教师反馈教学意见，发现教学问题，让教师能够积极调整教学内容和教学方式，提高英语教学的效率。

（二）学生个体差异

每个学生都是独立的个体，他们在性格、态度、学习动机、语言潜能、认知方式上不尽相同，这就使得他们在学习知识时的接受能力也很不一样。因此，在英语教学上，教师要按照学生的差异进行针对性的调整，尽量以合适的教学方法来提高学生的英语学习水平。学生的具体差异表现在认知风格、语言潜能和情感因素三方面。

1. 不同的认知风格

在面对各类信息时，人们会在分析信息后对其进行组织运用。在这个过程中，人们所表现出来的认识能力和认知功能的风格便是认知风格。

不同的认知风格体现在两个方面：一是认知过程（思维、记忆和个体知觉）方面的差异；二是人格和认知能力与认知功能的差异，如动机、态度等。因此，每一个独立的学习主体，其认知风格也不尽相同。每一种认知风格都有其优势和劣势，但是这并不代表学习效果有差异。每个人加工信息的方式不同，消化知识所用的时间也有长有短。假如学生的认知风格和教师的教学风格、周边环境的影响相适应，那么学习效果就会更好。同时，学生不同的认知风格也会影响他们对学习策略的制订。

在英语教学中，教师应该了解每一个学生的认知风格，并能够根据学习任务的不同、教学环境的变化对学生进行有效的引导，扬长避短，把自己的教学风格与学生的求知需求相结合，从而促进学生身心的全面发展，提高英语教学的学习效果。

2. 语言潜能的差异

学生学习外语，不仅要提高外语素质，也要提高综合运用语言的能力。而语言潜能就是外语学习的一种潜在能力，这种潜能就是学生的认知能力对学习外语的潜在能力所做出的预估。

每个学生的语言潜能不尽相同。教师要在教学的过程中,对每一个学生的语言潜能进行了解,能够根据学习任务、场合的不同,发挥每一个学生的优势,使学生的学习效果得到提高。教师要考虑到学生语言潜能的不同特点,摒弃统一的教学方法,以不同的要求来发掘学生的语言潜能,努力提高学生学习英语的积极性和主动性,提高其学习效率。

3. 情感因素的影响

个人情绪情感因素也会影响学生的英语学习效果。这里说的情感因素涵盖了学习动机、性格和态度等元素。

(1) 学习动机。学习动机是为了激励个体能够积极进行学习活动,使自己的行为朝着学习目标努力的一种心理状态或心理过程。学生是独立的个体,他们的家庭状况、教育程度、生活经验、学习计划都不一样,所以也会有不同的学习动机。

学习动机分为内部和外部两种动机。内部动机是指学习动力来自学习者的内部,他们自愿学习知识,有旺盛的求知欲和兴趣爱好等,有时也想要表现自我。外部动机则受外部因素驱动,如名誉、金钱、利益等。为了更好地适应环境(奖励、升学、逃避惩罚等)而被迫学习英语,这种要求不是学习者自发形成的,而是来自父母、教师、社会等方面的压迫。他们努力学习英语并不是因为真心对英语感兴趣,而是因为能够通过学习英语获得来自外在的奖励和利益。

这两种学习动机中,内部动机显然能够让学习持续的时间更长,更可以推动学习者积极学习外语知识。因此,教师要积极挖掘学生的内部动机,从内在因素入手,让学生真正爱上英语学习,这样才能从根本上提高其学习效率。

(2) 性格。在英语学习中,学生的性格也是影响学习效果的因素之一。有的人是内向型性格,有的人是外向型性格。内向型的学生喜欢安静,更擅长写作和阅读,有利于认知性学术语言的发展;而外向型的学生开朗活泼,充满热情,不怕失误,更适合交际性学习。因此,教师应该了解学生不同的性格特点,使不同性格的学生都能发挥出学习优势。对于内向型性格的学生，要给他们创造一种宽松、愉悦的氛围，让他们大胆学习；对于外向型性格的学生，教师要努力提高他们语言的准确程度。

（3）态度。认知、情感和意动三种成分构成了态度。态度是每个人对人或者事物的评价性反应。每个人对待事物时所表现出来的理念是认知成分，对事物的喜爱或讨厌程度是情感成分，对事物的倾向或行动方向是意动成分。

在外语学习过程中，学习者的态度起着很重要的作用。如果学生喜欢其他民族的文化，那么便希望了解这个民族的风土人情、人文历史等，也会愿意学习该民族的语言，从而使学习语言的效果加倍；反之，如果学生讨厌这个民族的文化，不愿意积极主动地了解该民族的风俗文化，那么便不会认真学习该民族的语言。除了这些因素之外，学生对教师的喜爱程度，教学活动的组织方式、学习材料等都会影响学习效果。因此，教师一定要在英语教学过程中培养学生正确的学习态度。

二、教师方面

在英语教学过程中，教师的作用非常重要，是教学环节中不可或缺的部分。教师应该发挥主动的引导作用，认清角色地位，提高基本职业素质。

（一）教师角色的转变

随着教学改革的逐渐深入，教师角色涵盖的范围越来越广，而不仅仅是单纯地传授知识。在当代社会，教师角色有了新的内涵，具体阐述如下：

（1）传授知识者。教师最根本的任务就是传授知识。教师要在教学活动中将知识和信息传递给学生。教师在教书之外还要育人，要让学生懂得做人的道理。

（2）领导课堂者。教师在课堂教学中应该发挥主动的领导作用。教师要把控学生的学习进度，还要注意课堂执行情况和教学时间。同时，教师要避免教学的随意性，才能提高学习效果。

（3）评价行为者。在教学过程中，教师要注意每一个学生在学习上的问题和不足，能够及时对学生做出反馈评价。同时，一定要掌握反馈评价的方式、方法，既能有效纠正学生的错误，又能让学生心服口服地接受，措辞委婉，不伤害学生自尊心。

（4）组织活动者。在课堂活动中，教师是组织者，而学生是参与者。因此，教师要充分考虑学生的各种情况，把课堂任务、目标、学习方式、学习流程等向学生做出交代，让学生能够清楚地知道自己所应该担负的责任，理解各个环节，让自己的行为更有针对性和目的性，从而使整个活动顺利完成。

（5）促进活动者。学生在学习过程中或多或少会遇到困难，这时，教师应该积极地为学生提供相应的帮助，引导学生联系已经学到的知识，并和当前的知识点进行关联，从而构建新的知识脉络。

（6）参与活动者。教师要参与到活动中来，这样既可以使课堂氛围更加轻松愉悦，和学生之间形成亲密关系，还能深入了解学生的心理动态，及时发现学生的学习问题，更好地提高学生的学习效率。

（7）提供资源者。教师拥有丰富的资源，因此，在教学活动中，教师可以给学生提供丰富的内容、答案、案例和背景知识，这些都会更好地提高学生学习的效率。

（8）研究教学者。教师不仅是知识的传授者，也是教学的研究者。他们有自己的研究课题和研究方法，能够在教学过程中不断地拓展问题，通过课题研究，及时解决问题，将课堂实践和课程研究结合起来，使教学过程更加流畅有效。

（9）激励学生者。教师在学生学习上的激励作用非常大。教师要让学生掌握课程的控制权，以学生的需求为出发点，积极鼓励学生努力学习。因此，教师不仅要储备丰富的知识和经验，还要不断提升鼓励学生的能力。

综上所述，教师拥有多种角色定位，对这些角色的期待来自学生、家长、学校，乃至社会。教师要能根据现实情况自由地进行角色转换，发挥自己的能力。

(二) 教师的素质要求

作为一名教师，对其素质的要求是第一位的。因为教师不仅传递文化科学知识，还担负育人的重任。而作为一名英语学科教师，不仅要具备扎实的英语专业素养，还要具备良好的师德素养和健全的人格素养。

1. 英语语言学专业素养

一名合格的英语教师的专业素养分为以下三个方面：

(1) 扎实的英语语言学基础。具备扎实的英语语言学基础是英语教师进行教学的前提和基础，它包括英语语音、语法及丰富的词汇量，同时还要具备外语四项基本技能，即熟练的听、说、读、写能力。平时教师还要经常阅读英语作家原著，以了解英语国家的风土人情、地域特色，熟悉英语语言的使用环境。只有具备良好的语言水平，教师才能了解英语课文背景，从而全面把握教材，顺利教授语言知识，提高学生的英语学习能力。

(2) 全面的教学能力。教师的教学能力包括教授英语知识能力、教学组织能力和综合教学能力。教授英语知识能力是指教师通过讲解示范、启发引导学生学习英语的基本知识，同时注重英语技能的训练，对学生在学习过程中提出的疑问及时进行解答等。综合教学能力是指英语语言之外的教学能力，包括美术、舞蹈、音乐、表演等。教学组织能力是教师组织课堂教学，实现高效课堂的能力。

(3) 较强的科研能力。强化教师科研意识，在具备良好的语言基础与教学水平的基础上，借助现代科学技术手段深入研究教学理念和教学方法，全面提高英语教学水平。

除具备上述三项基本能力之外，教师还要掌握包括心理学、教育学及外语教学理论知识在内的系统教学理论知识。

2. 师德素养

师德是教师素质中最核心的因素，近年来发生教师因道德沦丧而被开除的事件屡见报端，因此，加强教师道德素质建设极其重要。从某种意义上说，师德决定着一个学生的未来走向。因此，一名高素质教师必须热爱自己从事的职业，并有坚定的信念，正确的人生观、价值观，必须忠于教育事业。

3. 人格素养

人格素养是教师素质的灵魂。学生对教师的人格素养有着很高的期待，教师的人格对学生的发展有重要的影响。教师的职业特点决定了教师必须具备良好的人格素养。教师的人格素养首先来自正确的自我认知，热情开朗、温和宽厚、精神饱满、心地善良是良好性格的体现；其次，教师的人格素养来自渊博的学识和教书育人的能力。教师人格和学生人格是平等的，教师应理解并尊重学生的人格。

三、教学设计方面

在漫长的外语教学过程中诞生过很多语言教学设计，不同的教学设计在不同的时期发挥着重要作用，不断推动着英语教学的变革与发展，这些教学设计包括翻译法、直接法、自觉对比法、听说法、视听法、认知法、功能法，以及由此派生出来的口语法、全身反应法、自然法、暗示法、沉默法、交际法等。

综合发现，没有哪一种教学设计能达到完美的效果，因人而异、因材施教，每个地区、每个民族，甚至每个学生都有其独特的语言规律。只有适合的才是最好的，研究并总结适合的教学设计才能达到理想的效果。在外语教学实践中，教师要根据不同的语言知识和技能灵活地制订相应的教学设计，这样才能达到较理想的教学效果，从而提高学生的英语水平，促进学生健康、全面发展。教师不能片面地追求某一种教学法，这样必会适得其反。

四、教学内容方面

教学内容是教师的教和学生的学之间互动传递的信息，一般来说，平时上课的教学内容就是讲授教材，但是教学内容不仅仅局限于教材，教材只是教学内容的载体。教师传递给学生的知识、技能、思想、观点及行为习惯等都属于教学内容，具体论述如下。

(一) 教学内容的特点

英语教学内容应具备五个特点：①英语教学内容科学规范。课堂教材必须语法准确，语音标准符合英语国家的语言习惯。英语教学要做到与其他相关学科加强互动，共同提高教学质量；②教学内容以人为本。尊重学生的个性发展，促进共性的形成。深入了解学生，结合学生的实际需求，改进教学方法，提高学生的学习效果；③发挥学生主动性。教学内容要从实际出发，培养学生发现问题的能力、独立思考的能力及积极探索解决问题的能力；④教学内容体现共性。教学内容不能针对少数学生，而应以绝大多数学生为基础，培养他们具备社会所需要的基本知识与技能，成为一名较高素质的公民；⑤教学内容体现人文情怀。不仅要培养学生的学习能力，更要注重学生的道德素养、人文素养，促进学生良好个性的形成，使之具有正确的社会观、人生观、价值观及强烈的社会责任感。

(二) 教学内容的范围

从英语语言学的发展规律和教学设计上看，教学内容包含语言知识、语言技能、学习策略、文化意识及情感态度。

1. 语言知识的组成

语音、语法、词汇、功能和话题是英语语言知识的五个组成部分，它们之间不是孤立存在的，而是相互影响、互为依存的。要在掌握语音语法的基础上掌握词汇，在具备一定词汇量的基础上学会用什么样的方式应用到话题中。只有具备了这些语言基础知识，才能在实践生活中灵活运用。因此，英语语言知识是能够驾驭语言能力的基础，是学习语言、运用语言的基本保障，是学生综合英语水平提升的关键。

2. 语言技能的形成

英语语言技能是形成语言交际能力的重要组成部分，它包括听、说、读、写、译五个方面的内容。听和读是理解的技能，说、写和译是表达的技能，这五种技能在语言学习与交流中相辅相成、互为促进。"听"能识别不同句式，并根据语调变化判断句子的意义，这是理解能力的体现；

"说"能够针对不同话题进行交流，能够描述发生的事件，是表达能力的体现；"读"要发音标准、规范流利，是辨认和理解能力的体现；"写"是按照英语语言规则使用语言，是书面表达能力的体现；"译"是综合运用英语能力的体现。提升英语综合应用能力，平时必须进行大量的五项基本技能训练，然后积累经验，真正将其运用到实际交流中。语言学习过程是一个缓慢的过程，需要耐心细致地走好每一步，在不同的学习阶段针对不同的学生所要达到的语言水平是不一样的。

3. 学习策略的制定

英语学习策略是指为了提高英语学习效率而制定的步骤和采取的手段，其中比较主要的策略有认知策略、调控策略、交际策略和资源策略等。

恰当的学习策略能够对英语学习起到非常关键的作用，不但帮助提高学习效率，更能让学生养成自主学习和终身学习的习惯，利于其长期的发展。这就需要教师在英语教学过程中鼓励学生探索尝试不同的学习策略，对比分析，最终找到符合自己特点的策略；然后对自己的学习过程进行反思，在实践中对自己选择的学习策略进行调整和改进；并且可以加强与同学的交流互动，分析每个人不同的策略，相互分享更有效的学习策略等，相互学习，共同进步。

4. 文化意识的培养

文化意识的培养在英语教学中也是不可缺少的一部分。英语国家的文化涉及历史传统、自然环境、风土人情、生活方式、思维方式、价值观念等各个方面，而语言作为文化的载体，这些文化特征都在英语语言中得到充分反映。因此，了解英语国家的文化背景有助于理解英语中的一些表达和用法。

教师在教学过程中要有意识地融入文化知识的介绍。根据学生的理解能力和认知程度，适当地渗透英语国家的相关文化知识，有助于学生形成完整的认知体系，形成文化意识，并且形成文化自豪感，热爱本民族的优秀文化，并应在传承和发扬传统文化的同时，培养学生的创造意识和创造能力。

5. 情感态度的影响

情感态度是指学生的兴趣、意愿、意志力、价值观、学习动机等影响学习过程和效果的主观因素，也是英语学习的重要部分。这些因素不仅与学生个人有关，而且受到了周围同学的情感态度，以及教师的态度、教学方式、个人魅力、情感投入程度等因素的影响。教师要关注日常教学过程中学生的情感态度变化，并注重引导鼓励；激发学生的学习兴趣，帮助学生形成稳定的学习动机；及时帮助学生排解遇到问题和困难时的消沉情绪，以正面的态度弥补和修正自己的不足；鼓励学生与身边的同学相互合作，共同进步，形成团队意识；增强学生自信心，形成正确积极的人生观、价值观。

五、教材选择方面

教材是学生学习英语的知识载体，也是教师教学的依据和工具。教材编写的水平参差不齐，如果完全按照教材按部就班地教学，则有可能达不到教学目标。教师需要根据学生学习的实际情况，根据课堂气氛和学生的情感因素，灵活利用教材，调整教学进度和教学方式，从而达到最优的教学效果。

六、教学环境方面

教学环境是指教学相关的外部环境，是英语教学的构成要素，也对英语教学起到很大的影响。

（一）教学环境的组成

教学环境包括社会环境、学校环境及个人环境三个部分，对这三个部分分析如下：

（1）社会环境是决定英语学习的指导方向和最重要的影响因素，包括社会发展对英语的需求，国家的教育方针、政策、经济发展水平、科技水平及人文因素等。

（2）学校环境是英语学习的主要教学环境，直接影响学生的英语学习时间、学习积极性、学习方式、学习成果等。它主要包括课程设置、教学设施、教师水平、周围同学的学习氛围、是否有英语应用的环境和机会等。

（3）个人环境也是影响学生英语学习的重要因素，主要包括个人对英语的兴趣、与周围同学的关系、家庭成员的文化程度、学习辅助工具和设备等。

（二）教学环境对学生学习情况的影响

由于英语是语言学科，需要在生活中应用，与外部环境的人联系非常紧密。因此，良好的英语教学环境对学生的英语学习非常重要，主要体现在以下几个方面：

（1）教学环境中的社会和学校因素能否起到引导和鼓励的作用，影响英语教学能否理论与实践相结合，从而引进先进的教育理念，改进教学方法。

（2）教学环境中的社会因素是否具有英语应用的场景，影响学生能否在日常生活中实践应用学到的知识、激发学习兴趣及巩固对知识的理解。

（3）教学环境中学校、教师等因素影响学生英语学习的气氛和心理状态，教师恰当的引导和轻松、愉快的氛围能够培养学生主动学习、善于表达的能力。

（4）教学环境中的个人因素会影响学生能否以正确的学习态度、适合自己的学习方法，来消除学习过程中的负面因素影响。

（5）教学环境中的学校能否提供良好的教学设施和学习资源，影响学生的视野和知识面。

（6）教学环境中的教师和学生个人因素，影响学生学习习惯的养成和终身学习的实现。

第三节 英语教学的过程原理

一、英语教学过程原理的依据

教师在设计或开展教学活动的过程中，要考虑到教育目标、知识内在逻辑和语言技能发展的适切性，以及学生英语学习规律的适切性。只有在兼顾这三个方面的情况下，才能保证英语教学过程的整体适切性，促进学生成长。当然，大学英语教学在这三个方面都有相关的内涵。

（一）教育价值依据

教育价值依据回答的是"这个时代需要培养什么样的人"的问题。从时代所要求于人的规格与特质而言，英语教学改革的育人观与其他各学科教育或教育活动的育人观有共通性的一面，也有其独特的理解。新时代教育形成的教学共通价值观的核心理念：我国当代教育中课堂教学的价值，需要从单一传递教科书上呈现的现成知识，转为培养能在当代社会中实现主动、健康发展的一代新人。这里之所以将教学三个层面的价值观作为教学过程设计及展开的基础，以及教师所要秉持的思维支点之一，是因为要为教学过程找到一个最根本的价值灵魂，将教学过程的目的与整个英语教学改革保持理念上的共通，同时又兼顾学科个性。

（二）学习机制与心理逻辑

学习机制回答的是"英语作为外语学习的发生机制及其规律是什么"的问题，主要包括英语学习的本质和英语学习的运作两个方面。科学的英语学习机制的建立是英语学习高效和成功的重要保证；反之，英语学习效率不高，甚至最后失败，则往往与学习机制存在问题有关。例如，有的教师简单地把英语学习等同于母语学习进行教学，或把英语学习与母语学习截然分开；或片面地把英语学习归结为记忆，而忽视交际实践，或只重视交际实践而忽视记忆；或只求质量，不求数量，或只求数量，不求质量；或只重口头，不重书面，或只重书面，不重口头；或强调熟练性，而不注意灵活性，或注意灵活性，而不重视熟练性；或一味苦学，而无巧学，或只想巧学，而无苦学基础……凡此种种，可以说都是学习机制的问题。学习机制出现问题，学习就会失衡，英语学习时间和物力消耗不少，但学习效果却不好。这种情况在英语学习中相当普遍，说明英语学习实践同其他任何人类实践一样，必须要有一定的理论指导。对任何一个想学好英语的人来说，学习一定的英语学习理论是必要的。

英语教学研究对我国学生英语学习的本质及其机制有着自己的理解，具体如下：

1. 英语学习时的大脑活动

当代中国人批评英语教学的不足时，并未从深层次揭示英语学习的本质。以致英语学习就可能变成简单的记忆活动，即使英语比较流利，也是鹦鹉学舌，有口无心，属于会说什么就说什么，而不是想说什么就说什么。前者无内容，后者有内容，二者之间有着本质的差别，差别的根源就在于是否动脑学习和使用。只有动脑学习，才有真正的效果和效率。

大脑功能的理论，以及英语学习的科学实验与实践都表明，一般的英语学习效率可以成倍地提高，甚至可以提高几倍、几十倍，关键在于英语学习要按大脑活动的规律进行。举例来说，大脑的基本功能是兴奋和抑制，而单调的刺激时间一长，不仅不能引起兴奋，而且会导致抑制。因此，在英语学习中只采用一种形式、一种方法，不如采用多种形式、多种方法，并交替使用，使大脑所接受的刺激经常变化，使大脑总是受到挑战，处于兴奋状态，学习才有高效率可言。从这个意义上说，英语学习中的各种方法都是可以使用的，关键取决于这种方法能否刺激学生的思维，是否用得适度。对于翻译法、直接法、听说法、阅读法、交际法、认知法及语法学习、结构学习、功能学习、话语学习等，都要持科学态度，或综合使用，或变换使用，使之各司其职，各得其所。

2. 英语学习时的心理活动

英语学习一方面同感觉、知觉、表象、记忆、思维、联想等因素密不可分，另一方面又时时受到动机、信心、兴趣、情感、意志、注意等的制约，同时学习者的个性对学习也有重要影响。正如在生理方面，英语学习是大脑左右半球的协调活动那样，在心理方面，英语学习也应该是智力和非智力因素的协调活动。在学习中，各种因素充分发挥积极作用，学习效率就会提高；一个因素出现问题，学习效率就会降低。英语学习效率不高的人需要进行心理调整，甚至心理治疗，并非离题之言。

作为完整心理活动的英语学习，还包括知识、技能和熟练技巧。三者的统一与转化，一方面要通过内在的理解、意会和领悟，另一方面要靠外在的操练、练习和实践。理解、意会、领悟、操练、练习和实践是同步发展和提高的，如果脱节，就会影响学习效果。提高英语学习效率的重要途径之一，就是保持外部动作和内部心智的统一，使英语学习心理活动的完整性体现于各个方面。

3. 英语学习时运用的规律

要学习好英语，就要对英语规律进行认真的探究，从而在本质上、深层次地把握英语，把英语学习由技能训练提升为规律性认识。掌握了规律，就能更透彻地了解事物，就有了更多的自由，学习也就能够举一反三、闻一知十。所以，学习不能归结为简单的刺激反应行为的形成，或纯模仿，或纯记忆。

语言统计学表明，幼儿如果只凭记忆、模仿、刺激反应联结，是不可能学会母语的。因为一种语言能生成的句子数量可以说是无限的，如果一句一句地去学习，一个人一生中也只能学极小的一部分。人能学会母语和多种外语，最终还是要靠理性、智力和认知，靠本能地或自觉地对所学语言进行归纳与总结。学习英语，就更应该如此，思考得越深，发现得越多，英语学习的效果就越好。有一位英国古典语言学家，他掌握了古希腊语、古拉丁语，还学会了法语，当然也会英语。在一次意外事故中，这位语言学家大脑受伤，得了失语症。但后来经过治疗，他又恢复了语言能力，而四种语言恢复的顺序却很值得思考。最先恢复的竟然是古希腊语，其次是古拉丁语，再次是法语，最后才是英语——这位语言学家的母语。这个例子说明，对一种语言研究得越深，印象也就越深；同时也说明，通过书面形式学习一种语言，其效果不但不比通过口头形式学习的差，甚至有可能更好。因为古希腊语和古拉丁语早已是人们不再说的语言，只在古文献中保留了下来，那位语言学家学习这两种语言，只能通过读和写。

英语学习是研究活动，不仅指探索语言规律，也包括探索文化和科学，当然是通过英语进行探索。因为通过英语解决问题，使用英语解决问题，比使用英语做事，更能促进学习者对英语的掌握。在前一种活动中，学习者动脑的强度要比在后一种活动中大得多。因此，只一般性地提倡用英语交际、用英语做事，对学好英语是远远不够的，还应该强调用英语研究和探索，用英语解决问题，这样才能抓住英语学习的实质，取得英语学习的成功。

4. 英语学习时的审美活动

英语学习除了是用脑、动脑的认知性活动外，还是一种审美活动，这源于语言的本质。语言不只是艺术创造的重要形式和手段，其本身就是重要的审美对象，是人类普遍创造的艺术品。这表现在英语的语音、语法和词汇都具有和谐美。在语音方面，不但有单音节的对称，如长、短元音和清、浊辅音，而且有语流的轻重、高低和节拍。在语法方面，进行时态与完成时态的对仗极为工整，给人以美感；比较级和最高级也是如此。在词汇方面，write—writer, read—reader, listen—listener 和 speak—speaker 等，同样给人以和谐的美感。学习时，只要用心体验，就能受到感染。

为了提高英语学习效率，需要加强对英语的整体审美。在听时，首先要听语句的节奏、节拍、高低、升降等，受到整体的语音语调感染，形成完整语句的声音形象，达到"余音绕梁，三日不绝"的程度。同时，把音感和义感密切结合，把意义感和形象感、情景感密切结合，以求进入立体化听、理解、感受和储存的境地。这样听，有的可过耳不忘，甚至可永远不忘。

朗读和说与听一样，在练习时也应该首先抓住语流的整体节奏、旋律，表现英语特有的和谐美感。同时，对所读和所说的内容要有个人的独特体验，有思想和感情的凝结与流露。这样练习，既会给他人以深刻印象，更会使自身受到自我感染，学习效率自然会有所提高。

从英语教学的角度而言，如果要引导学生在审美体验中学习英语，在教学中就要运用各种手段和形式，如英语诗歌、歌曲、戏剧、小说、电影、录像、故事、图片等。当然，在这里对学习起助推作用的不只是艺术形式，还有艺术内容。学唱英语歌曲，朗读、背诵英文诗歌，表演英语短剧，阅读英语故事等，其内容都应该与学习者的思想、感情、气质、修养等合拍，能引起共鸣。这样，学习者就会很快进入艺术再创造的角度，在不知不觉中掌握英语，而且熟练牢固。因此，从心理学角度看，审美学习的实质是潜意识学习。而潜意识学习如今又被证明是学习能量最大、最值得和最迫切需要开发的一个领域。如果在英语教学中注意加强这方面的努力与研究，那么学生英语学习的效果也会使我们超乎意料。

（三）语言的内在结构与逻辑

这一点很容易理解，以往在语法大纲理念的指导下，英语教学过程的逻辑基本都是遵循从简单到复杂、从具体到抽象的顺序进行。在今天，英语教学过程是在批判只单纯强调语法程序思路的基础上，进行扬弃式地吸取，仍然强调英语教学要遵循知识的内在结构与逻辑。例如，阅读学习的基本程序是字母认读、音节拼读、单词拼读、词组认读、句子认读、句组认读。读的单位逐渐加大，读的速度逐渐加快，阅读理解逐渐加深，阅读目标逐渐提高。又如，单词拼读学习的基本程序是元音、辅音单独读，再一起读，整体拼读，快速整体拼读，自动化闪电式整体拼读。拼读的技能一步比一步熟练，拼读的目标一个个实现。从以上两例可以看出，随着学习顺序的明确，学习目标自然也更加明确和具体，学习者对英语学习活动的驾驭也因此而更加容易。

二、英语课堂教学的结构系统

英语课堂教学是语言教与学活动展开的复杂过程，是在教师、学生的双边交往互动中，以语言知识为内容、以语言技能为师生间交往的言语载体、以学生语言理解能力的形成为目的的多系统交互推进的过程。由此可以看出,英语课堂教学由语言知识系统、语言技能系统、教学过程系统和学生认识系统构成的复杂的结构系统,四个结构系统间相互交织、彼此依存,而又具有内在的逻辑特征。具体而言,可将课堂教学分为以下四个结构系统。

(一) 知识结构系统

英语语言知识的内在结构是成系统的,其知识结构的解剖特征如下:

(1) 从简单到复杂。例如,就语言知识的词汇、句型与文化看,词汇从名词、动词到形容词等,句型从基本句型到变式句型等,时态从现在时到过去时,再到将来时等,语态从主动到被动等,文化知识从小到大等,从语言知识学习的顺序与转化关系看,从词到句、从单句到句组、从句组到语段、从语段到语篇。这样在中小学各年级间,语言知识系统的形成在多个层面之间是既各自不断复杂化,又相互交织的关系,但语言知识系统整体上是有序的。这种知识的有序排列,便是教学内容顺序展开的知识依据。

(2) 从少到多。例如,小学阶段的写作技能从写字母、写单词、写句子、写语段到写语篇,再到写各类文体性的语篇,量与篇幅都是逐步增加的。

(3) 由具体到抽象。例如,词汇学习是从名词、动词、形容词、副词到介词,由实到虚。这些知识系统的层次性特点,都是教学顺序和层次的内在依据。

(二) 语言技能系统与认识结构系统

1. 语言技能系统

语言技能系统是指听、说、读、写自成系统,又相互交织。从一堂课的各环节看,语言技能中的听、说、读、写也是随着教学过程的推进而变化的。一般而言,教学导入环节和教学新授环节是以听、说为主,其中渗透部分语言点的读或写的要求;在教学综合性输出环节,读写比例开始加强。只有这样，课堂教学的语言技能要求才可能在不同层面上得到落实。一些教师常常在教学的各个环节只是运用听与说，这是偏颇的，不利于学生对语言形式的掌握。有些课堂教学，虽然学生的发言质量很高，但一接触到读写要求，便出现明显下降的现象，与这种情况不无关系。

2. 认识结构系统

认识结构系统是指学生的语言学习是一个有序的发展过程。儿童起初每句话只有一个整词，对此不太精确的说法就是单词句（one-word sentence），以后才有了词和句子的概念。在其后的阶段，一个词的句子拓展为包含第二个成分。与此同时，语法的第一次区分开始出现，一方面是词和词的结构，另一方面是主要的词和附属词，如 it ball, more ball, there ball 和 little ball。许多学者在这里就想到了述谓结构，但是把这种结构解释成单个的、语境决定的谓语，只是很肤浅地拓展了谓语一词的意义。短语 little ball（小球）与 the ball is little（球很小）相去甚远。形容词主要的、无标记的功能绝不是做表语，而明显的是做定语。只是到了语言习得的后一阶段，即第三阶段，"主语＋谓语"的简单句子才得以出现。

有一个有趣的例子可以说明这些时间顺序上的关系。英语中有三个同音异义的后缀，都有／z／的发音，这些音会在某些固定的条件下经历一些较固定的变化。这一后缀形式有三个不同的意义：第一，表示名词的复数（cooks，复数）；第二，表达所有关系（cook's hat，厨师的帽子）；第三，动词第三人称单数的变位形式（mummy cooks，妈妈做饭）。首先是利用这一后缀表示复数词尾，而后用它表示所有格，最后用它表示第三人称单数的变位形式。道理很明显：在区分复数和单数的时候，只是涉及词；在使用所有格形式的时候，涉及一个完整的短语；当涉及动词人称形式的时候，问题就涉及谓语与主语的关系，因而整个句子都受到影响。

语言的这一发生系统说明，在英语教学过程中要基于这一特征开展教学工作。

（三）过程结构系统

中国有句古语"行成于思，毁于随"，说的是行动要成功，必须经过周密的思考，随随便便行动就会失败。对于英语教学而言，也应注重用科学的方法加以组织。每一个步骤都是对上一个步骤的反馈，同时又激起下一个步骤的反应，如此步步相连，一步接一步，直到达到某一环节的目的，而每一个环节也同样与上一个环节和下一个环节有反馈和反应关系，环环相扣，直到达到某一阶段的目的。

和以往的教学结构一样，英语课堂教学的基本过程结构也由三部分构成：导入、教学中和教学后。但由于价值理念、教学思想过程的理解不同，英语课堂教学结构在每一个环节都呈现出独特性来。

1. 开放式导入的过程结构

开放式导入在英语课堂教学的展开过程中有着重要的意义，它犹如乐曲中的"引子"，戏剧的"序幕"，起着酝酿情绪、集中注意力、渗透主题和带入情境的作用，不同于准备活动（warming-up）。warming-up 的功能在于引起学生的学习动机和注意，使学生进入学习的准备状态。但开放式导入的功能并不止于此，精心设计的导入能抓住学生的心弦，立疑激趣，能促成学生的情绪高涨和智力振奋的状态，有助于学生获得良好的学习效果。

2. 新语言输入的环节

话题展开与理解性语言输入环节，即新语言输入的环节。这个环节不是机械的语言输入，而是师生互动生成的过程。它与教学过程开放度的大小密切相关。

英语教学是促进学生整体生命成长的过程，是学生从无知走向有知，从知之不多向知之较多，从知道不全面向知道较全面逐渐过渡的过程。因此，英语教学要求学生主动参与，尤其是学生思维的主动介入，并形成创造性的思维。当然，由于每节英语课的教学目标及具体的课型都不一样，因此，如何处理每堂课的教学推进过程也不一样。

教师经常会形成自己课程的习惯性结构框架，尤其是有经验的教师，一般都有自己的教学风格和课堂常规，能够面对不同的课型灵活采用不同的教学策略。事实也表明，结构相对类化的教学课结构有利于学生学习，一旦学生熟悉不同课型的教学过程结构，就可以随着课程的推进较熟练地与教师配合，知道应当做什么和将要做什么。当然，将一节课划分为许多次级教学活动，教师还需要考虑到两种次级教学活动之间的转换关系。在许多外语课堂上，特别是在开展小组交流和两两结对交际的课堂上，根据不同活动重组的活动频率更高，因此，如何处理好环节间的转换，其意义更为重大。

技能熟练型的教师往往能够轻松自如地进行教学环节间的转换，尽量减少因环节转换而带来的教学的生硬性；而技能陌生的教师恰恰相反，其往往会将前后环节的顺序搅乱，不能关注环节间的转换问题，或是过度运用转换而致使课程的紧凑性不够。因而，有效的教学环节转换有助于维持学生的注意力和加强活动联系的紧凑性。教师处理教学转换的方式有多种，相互协商、调整教学焦点或开始一个新的片段等都不失为良策，具体要采取何种措施，主要依赖于转换的性质。例如，让学生从个体学习转换为小组学习要比讨论两个话题的转换容易些。教师必须考虑许多决策方式：①当由个体学习转换为小组学习时，如何保持课堂教学的连续性；②不同活动间学生将做什么；③什么时候该告诉学生某项教学活动的目标。

在课堂教学推进的中心环节，有四点需要加以注意，并应当始终坚持：

第一，教学活动的目的性，即在英语课堂教学中，要有目的地运用变化技能。教师掌握变化技能的各种要素，灵活地运用变化技能的各种类型，都是为了更好地实现和完成英语课堂教学的目标和任务。脱离课堂教学的目标或与教学内容关系不大的任何变化只能使学生更加糊涂，分散学生的注意力，达不到促进学习的作用。

第二，教学活动的意义，即教师在课堂教学中无论采用何种教学方法，都应尽量根据学生的能力、兴趣、背景知识、学校情景、英语学科、所教课的题目及任务的要求来精心设计，使教学活动在有意义的情景中开展。

第三，教学活动的连贯、有层次、有递进，即在教学环节的推进过程中，教师要注意环节转换的自然、连贯、递进，逐步提升学生的思维水平，并保证学生的注意力和学习不因教学环节的变化而受到负向干扰。

第四，教学活动的生成性，即教学新语言点的出现不是教师空降给学生、学生简单接受并不断操练与应用的过程，而是在学生的原有经验上逐步生长出新知的过程，是学生在运用、发现和体悟中不断丰富和深化的过程。

这样设计的教学过程不仅有利于提高英语教学效率，也有利于提高学习者的整个个体生命质量。人对自身生命的思维，第一层次是想长寿，第二层次是想高效。因此，效率思维在人的整个生活中的价值是极高的，生命价值等于生活效率，生活效率等于效率思维。英语教学效率思维应该一方面着重外在的学习活动，另一方面不忽视内在的心理活动，内外结合，不断进行应变调整。

外在学习活动的思维基本上有两个方面的内容：①关于首次学习材料的智能性和学习者个人性的加工；②关于练习和复习目标的到位与升位的连接与转换的契机。在英语学习中，不管是词、句、文的学习，还是语音、语法、语义规律等的学习，在首次学习时，学习者都不能是被动地接受，而要主动地对所要接受的语言进行智能加工。这种加工可以是进行新的概括，对词和句重新分类，也可以是进行新的推导，如大胆试用构词规律构造新词，或试用句子模式造句，以及活用课文结构作文。只要在首次学习中开动脑筋、进行思索，在接受中有所创造，学习效率就会提高，记得活，用得活，将死记变为活记，将模仿提高为创造。

在英语学习中，练习和复习的时间与精力占的比例很大，是英语学习中的主要活动。练习和复习效率高，意味着学习效率也高。因此，英语学习的效率思维必须把练习和复习作为重点。在这方面，效率的提高既同练习和复习的到位有关，也和练习与复习的升位有关。所谓到位有两重解释：①练习和复习要抓住重点和紧扣关键；②练习和复习要达到巩固、熟练和练活的目的。例如，口语对话练习的难点不只是提出问题，还要听懂问题，因此，一方面要把提问作为重点来练习，另一方面也要把听问题作为关键来练习。再如词汇复习，在句子和课文中复习频率低的词比较容易忘，要作为复习的重点，而典型词的结构和转义的用法能起举一反三的作用。在关键处下足功夫，可以保证学习之路畅通。

英语练习和复习要有效，就必须达标，技能要达到熟练且灵活，知识要达到巩固且系统。熟练的标准是快速流畅，灵活的标准是结构变化与层次意义的深化，巩固的标准则是知识联网与快速重现。由不熟到熟，不活到活，不牢到牢，属于练习和复习的到位。但效率思维如果只考虑到位问题，那么思维依旧是片面的、不够系统的。以到位为内容的效率思维，需要以升位为内容的效率思维来补充。练习和复习的升位，指的是每一类、每一种、每一项的练习和复习在其临近到位之前，在综合度、复杂度、难度上的适当提升。例如，以句子为单位的句型练习达到一定程度时，就要提升到以句组或话语为单位的练习；或同一水平的话语听力练习达到一定程度时，就要提升到有听有说，或听一段后说，或全部听完后说的练习。

练习和复习若只求到位，则属于静态性的练习和复习；而若也求升位，则属于动态性的练习和复习。静态性的为单一目标，动态性的为综合目标，前者为一举一得，后者为一举两得，甚至多得，效率自然会提高。因此，英语学习的效率思维既要把练习和复习到位加以周密计划，也要将其升位予以细致安排，达到这一点，就可以说效率思维到了位和升了位。

3. 语言能力形成与语言综合的使用环节

话题拓展与开放式语言综合输出环节是语言能力形成与语言综合使用环节。这个环节不是巩固新语言的简单、线性操练，而是面向学生已有所有语言存储状态的开放式、综合灵活运用的环节，同时也是进一步形成新的语言认识的环节。

与传统上将课堂教学结束环节用来做练习巩固知识，或是教师简单地就一节课做总结、整理教学要点的做法不同，"新基础教育"英语课堂教学结束环节仍然是开放式的，目的是让学生在经过核心教学过程的推进环节之后，进一步经过2~3个小步骤，由小开放到大开放地设置一些教学情境，让学生在小开放性的教学情境环节能够基本上将本课所学习的内容做进一步的综合与巩固；而在大开放性教学环节中，超越本节课的所学内容，灵活地根据语言情境自如地运用英语知识与技能解决问题或交流思想。因而，这个环节与前面的教学环节是密不可分、环环相扣的，对前一环节所掌握的语言点起到综合、提升与巩固的作用。

第四节　现代英语教学的原则

一、以学生为中心的教学原则

该原则要求教师从以下三个方面着手：教材分析，教学方法和手段的选择，教学活动的设计与组织。

（1）教材分析要以学生为中心。教师在分析教材时，应在理解和掌握教学内容的基础上，针对学生的不同阶段的学习能力和实际情况，将此作为教学任务和教学目标的依据。同时，教师应合理有效地利用教材，使教材内容转变成问题的衔接和师生之间的交流，根据学生对教材内容的理解，对教材内容和教学活动进行心理化和最优化的加工处理，将学生对教材的经验和体验相结合。

（2）教学方法和手段的选择要以学生为中心。在教学过程中，教师应以学生为中心，适应学生的直觉思维特点，通过灵活多样的教学手段，直观的教学方法即视、听、说等来激发学生的参与，提高学生学习的积极性，还可利用形象化的教学方法如幻灯、投影、模型、录音、图片等，使学生能够真正理解感受和理解语言，积极主动地参与课堂学习，强化记忆，同时达到最优的学习效果。

（3）教学活动的设计与组织要以学生为中心。教师在准备与设计教学活动时，应当充分了解学生的情况、知识结构层面、学习动机及学习兴趣的状态，以确保教学活动有目标地、形式多样地、内容全面地进行，在提高学生学习积极性的基础上，使教学目标得以顺利实现。

二、交际性的教学原则

英语是一种交际工具，在学习英语时要力求学以致用。

第一，教师在教学活动中应运用灵活多样的方式来进行实践练习，如机械性操练、意义性操练和交际性操练等。机械性操练是对课文中的情景通过模仿和问答的形式来进行练习，这属于句型操练。意义性操练是在机械性操练的基础上，学生独立运用语言材料进行有意义的交际活动，主要包括替换练习、角色表演、自由会话、小组讨论、情景表演等。交际性操练就是利用文中的语句来表达自己的思想情感。这三种方法是循序渐进地接近语言交际的过程。因此，教师在教授新的课程时，也应该遵循机械性操练—意义性操练—交际性操练的方式，最终使学生理解和掌握新知识。

第二，不管是在课堂教学过程中还是在课外活动中，教师都要有意识地为学生创造讲英语、用英语的机会。例如，在讲解词语、语法，组织教学，考核，布置作业或者学生请教问题等时都可以用英语，把英语运用到生活中来，养成良好的语用习惯。

第三，在英语教学活动中，应当处理好语言实践和语言知识之间的关系。语言实践在英语课中占主导地位，课上大部分的时间都是在进行语言实践的练习；对语言知识的讲解则处于次要地位，教师应参考语言实践和教学目标的需要来对语言知识的范围、深度、方法进行讲解。

第四，在英语教学活动中，语言操练和语言交际是两种教学形式，因此教师应清楚并处理好这二者的关系。语言操练的重点在于让学生掌握语言的形式，是培养学生语言交际的必经之路；而语言交际是为了使交际双方相互了解，重点在于语言形式。在英语学习过程中，语言操练和语言交际都非常重要，前者是后者的基础，二者没有分界线。

第五，在英语教学活动中，教师应帮助学生树立"英语是交际工具"这一思想，并用这一思想来引导学生学习英语，把交际带到课堂教学过程中来。同时，在上课时，教师要培养学生用英语交际的能力，鼓励学生反复练习，教师也要根据不同的时机来实时地创造交际情景，给学生提供真实的英语交际机会。

三、真实性的教学原则

教师在英语教学中，要做到语用真实，应了解并做到以下四个方面：

（1）把握真实语言运用的目的。培养学生的语言能力是英语教学的最终目的，实际上就是指语用能力。培养语用能力方面的教学目的就是语用目的，主要表现在三个方面：①语句的语用功能目的；②对话语篇的语用功能目的；③短文语篇的语用功能目的。

（2）采用语用真实的教学内容。教师应从语用的角度开始英语教学，对英语课文进行剖析，详细地研读，保证语用教学的教学目标，准确把握文中的语句内涵，选用真实的例句让学生进行练习，让学生真正获得英语运用能力。

（3）设计组织语用真实的教学活动。教师应把培养学生的语用能力作为设计教学活动的出发点，运用讲解、释例、训练等，将培养学生语用能力与课堂教学活动紧密结合起来，贯穿于整个英语教学过程。

（4）设计语用真实的教学检测评估方案。语用真实在教学中具有十分重要的作用，不仅能够让学生掌握真实的语用内涵，还能使学生在英语运用方面的能力得到提升。所以，教师需要定期对教学成果做出评估和检测，以此来反馈学生的学习情况，从而对教学活动和教学目标做出及时的调整和改进，进一步检查学生在英语学习方面存在的不足之处。因此，在教学过程中，教学检测起着重要的作用。

四、输入优先的教学原则

输入是指学生通过听和读的形式来学习英语语言材料，输出是指学生通过说和写的形式来进行语言表达。据权威心理学研究资料表明，输入是第一性的，输出则居第二性，由此可以得出输入是输出的根本基础的结论。

语言输入在英语教学过程中起着尤为重要的作用，对英语教学要以输入优先的教学原则来进行。

第一，教师在英语课堂上要充分利用形象直观的教具，如图片、文字、声音等媒介，为学生提供形式多样、内容丰富的语言材料，使学生尽可能多地接触英语。

第二，教师应注重学生的理解力，对理解性强的资料的输入，可以鼓励学生听和读,而不要求他们说和写。因为听和读是掌握语言的基础,所以理解材料才是最重要的。

第三,教师在对语言进行输入的同时,应该对输出进行检验,以输出巩固输入,促进语言的输入。

第四,教师在组织教学活动中应鼓励学生模仿,模仿有助于人们对语言的掌握。教师应积极地引导学生来模拟现实生活中的真实场景,并将其表达出来。

五、发挥母语作用的教学原则

英语对我国的学生来说属于第二语言,虽然强调让教师在课堂教学过程中尽可能多地使用英语,但是这并不意味着要放弃使用母语。为了使学生能够更好地掌握英语,在英语教学活动中,教师要利用母语的优势,排除母语的不利影响。因此,在教学过程中,教师应做到以下两点:

1. 充分利用母语的优势

在熟练掌握母语的基础上进行英语语言的学习活动。英语和汉语在语法结构和使用方法上既有相同的部分,也有不同的部分,然而学生在学习英语之前对母语中的时间、空间及地点等意识已经在脑海中形成,已经掌握了母语的语言手段,因此学生学习英语的障碍往往来自这些不同点。这个时候就需要教师充分发挥母语的优势,运用母语来对这些不同点进行解释,帮助学生了解英语的一些学习规则和语法结构特点,同时更加方便学生和教师之间的沟通交流。

2. 减少母语的干扰

对母语的适应和使用习惯往往会给英语的学习带来障碍。在英语教学过程中,教师适当地使用母语,让学生明确母语和英语在某一特定结构上,或者是某一语法结构上是有差异的,这样有助于让学生明确母语和英语在使用上应该注意哪些问题,避免把母语的使用规则和英语的使用规则相混淆,减轻母语的干扰。因此,外语的学习是一个复杂的过程。

六、提高学生学习兴趣性的教学原则

"兴趣是最好的教师"。为获得更好的教学效果和学习效果，在英语教学活动中，教师应充分调动学生学习英语的积极性，让学生对英语产生兴趣。因为一个人的兴趣能激发其内在的动力，使他们喜欢学习、乐于学习。在英语教学中，教师应从以下几个方面着手：

首先，教师在教学活动中应该了解学生的特点，发挥学生的主体性。每一位教师都很明白，学生才是英语教学活动的主体。教师在英语教学的过程中应遵循语言学习的规律，采用灵活多样的教学方法，使学生在学习英语的过程中形成语感，提高英语的实际交流能力。要根据学生的个性差异特点，培养学生的英语学习兴趣，让学生参与实践和体验，主动尝试和创造，从而获得对语言的认知和语言能力的掌握。

其次，语言的学习基础是通过死记硬背和机械操练来形成的。但是，这种传统的英语学习方式一旦过度，就会适得其反，让学生对英语语言的学习失去兴趣。因而，教师在英语教学活动中，应注意观察学生，对学生进行学习评价，帮助学生找到感兴趣的学习方法。教师应以提高学生的综合素质为前提，鼓励学生的课堂参与，激发学生的学习积极性，提高学生的语言交流能力。因此，死记硬背、机械的教学方法和传统的英语测试方式将不再适应英语的教学。

最后，深度挖掘教材。教师在进行教学活动前，应对教材有一个整体上的把握，认真研读教材，挖掘教材，用教材中学生感兴趣的内容来调动学生的积极性，使每节课都在轻松愉悦的课堂氛围中进行。

第二章 英语教学的相关理论分析

语言教学的理论一方面需要从以人为本、以学定教、以教导学、多学精教、不教自学，以及过程、效率和结果有机融合的角度进行科学理论指导；另一方面，需要从语言的英语教学的哲学理论、语言学理论及心理学理论进行研究。

第一节 英语教学的哲学理论基础

英语教学的建设、生存、发展、创新和实施，一方面需要多视角地进行分析研究；另一方面也需要多元的科学理论指导，而哲学是其中首要的指导理论基础。哲学是自然科学、社会科学和思维、人文科学知识的高度概括和总和，是自然科学、社会科学和思维、人文科学知识的最高规律。自然科学研究自然客观事物发展的规律，社会科学研究社会发展的规律，思维、人文科学研究以人为本、人类与现实社会文化生活关系和人类思维及其发展的规律，唯独哲学研究和揭示的是整个人类和客观物质世界关系的本质特征和普遍思维认知发展规律。

哲学一方面紧密联系自然、社会和思维、人文科学，另一方面又对其具有世界观和方法论上的指导意义。人们不仅要质疑、探索、诠释和认识客观物质世界，更重要的是改造和发展外在物质世界，改造和发展人类自身，从而创造人类社会的物质文明和精神文明。世界观一方面极力支撑和协助人类探索、诠释、认识、把握客观事物发展的规律，另一方面也制约着人类对客观事物发展规律的认识。方法论是人认识、把握世界和改造世界的根本方法。

一、以人为本的英语教学

英语教育、课程与教学的主导思想是要充分体现以人为本、以人的发展为本的思想。英语教学以人的发展为本的思想，根植于马克思主义哲学对人的本质，人与客观世界、社会文化的关系，人的主观意识、思维与外在世界、社会思想化的关系及人的生命活动与语言的关系等问题的精当且深邃的论述。

（一）人的本质

人的本质首先体现为物质世界中的现实人，现实人是自然人，更是社会人；其次体现在人们与社会和思想文化的关系之中，人与人的关系是一切社会关系的总和。在人与人的社会关系和社会交往过程中，人们运用语言表达自己，或记录传承人类积累的物质文明和精神文明成果的精华，因而逐渐超越自然人，优越于自然人，最后成为社会人。人之所以能超越和优越于自然人、成为社会人，根本原因就在于人与人在社会中使用了语言这个最常用且最有效的信息交流和沟通的交际工具。

人的本质不是单个人所固有的抽象物，在其现实性上，它是一切社会关系的总和。人的本质不是个人的天赋属性，也不是人类抽象的共性，在现实中，人总是生活在特定的物质世界情境、社会和社会关系之中。人在物质自然界中产生，又存在于物质自然界之中，而且人也只有在物质世界和现实社会中，特别是在人与人使用语言作为交际工具交流和沟通信息的过程中，才能成长和发展成为能动地、创造性地改造世界、改善人自身和推动社会发展的人。因此，英语教学的建设、发展和实现必须面向全体学生，面向每个学生个体，面向具有终身学习能力的、推动社会发展的人，并以此充分体现人的本质特征为根本的价值观取向。

（二）人与社会紧密相连

课程与教学的本质是教书育人，既能促进学生德、智、体、美、劳综合素质的全面发展，又能使其个性化获得充分的发展。人是社会的人，一方面，人的发展需要以社会为依托，人脱离了社会就不成为社会人，就难以生存和发展；另一方面，社会的发展也离不开人，社会是由人组成的，是人群的社会，社会脱离了人也就不复存在。这种人与社会关系相互依存和互促发展性还表现在：一方面，客观世界和社会发展制约着人的发展规律。另一方面，人充分发展的目的又在于认识世界和社会及其发展的客观规律，并根据其内在逻辑发展规律能动地、创造性地改造世界和社会，并不断推动世界和社会的物质文明和精神文明的发展；而世界和社会的发展又反作用于人自己，不断促进人的充分全面发展和个性自由解放。英语教学发展和实施的目的也在于促进学生综合素质的充分发展，并使其个性得到自主、自觉和自由发展。这不仅是学生发展的需要，同时也是社会物质文明和精神文明共同发展的需要，更是创建和完善中国特色社会主义外语教育教学体系的需要。因此，英语教学务必紧密联系人与社会的发展，并在人与社会生活情境发展的进程中求得自身的发展、创新、完善和有效的实施。

（三）人的意识和思维活动

人的意识和思维活动既有客观性的一面，也有主观性的一面，但客观性更是其本真性的一面。人的意识和思维活动的基础是外在的客观世界和现实社会。外在世界客观存在于人的意识和思维活动之外，不依赖于人的意识和思维活动，不以人的意志为转移。外在世界的第一性是本原；意识和思维活动是第二性的，是被决定的。

物质世界是人的观念、意识和思维形成的基础，观念、意识和思维具有客观现实性，这就是对意识和思维客观性实质的诠释。而意识和思维活动又是人的主观性的心理活动，外在世界和现实社会的客观存在，需要通过人的主观意识和思维活动才能被证实和阐释。诚然，人的意识和思维活动并不是外在世界和现实社会的本原或第一性；人的意识和思维活动的对象，即外在世界和现实社会，也不是绝对观念，不是精神的自我认识和理念的自我建构，而是客观物质世界和社会生活现实在人的意识、观念和思维活动中的反映。

但是，人并不是被动地对物质世界和现实社会生活做出反映，而是通过劳动实践活动和日常社会生活实践活动，使自身的意识、观念和思维与物质世界、现实社会生活相联系，并对物质世界和现实社会生活做出能动的和创造性的反映。由于各人的劳动实践活动和日常现实社会生活目标、内容、过程、方法、时空等方面具有差异性，人们就自然会对同一物质现象和现实社会事件产生和形成不同的思想意识、价值观念和思维方式。这就是对意识、观念、经验和知识是人的心理表征，是人们自我认识和构建，并存在于人的内在心灵之中的相关阐释。

意识观念的本质正是人对外在世界、社会现实能动和创造性的反映。深邃和思辨的理论问题，往往可以用最简单的事实和身边的实例进行表征和论证。英语语言单词如 book，或词组如 an English book，或句子如 The English book is on the desk，或语篇和文本，都是使用英语的民族对客观存在事实和事件约定俗成的符号，而语言符号又是意识、观念、思想的物质外壳。倘若在外在世界中不存在"书"，或"一本英语书"，或"英语书在桌子上"等现实事物和事件，那么上述英语单词、词组、句子以至于语篇和文本就难以产生、存在、发展和创新，也更难甚至无从显示。在回答英语教育如何能使学生理解并运用英语单词、词语、句子、语篇和文本等语言知识这个问题时，则仍须依靠学生自主自觉、积极主动、能动创造地在人与外在世界社会关系和特定的现实世界社会生活情境中通过理解和运用英语交际、沟通的实践活动才能解决，语言知识和交际运用能力才能学得和习得。而大多建构主义者（社会建构主义者除外）认为，脱离和割裂了人与外在客观世界社会生活的关系和特定的现实世界社会生活情境的联系，单凭个人的主观意识、观念、思维的自我认识和自我建构，就能自我建构和创新、达到理解和交际运用语言知识的观点是不现实的。这正是由外在物质世界、现实社会生活的本原性所决定的，同时受意识观念、思想——其直接反映的第二性和被决定性制约。

（四）人的生命活动与语言

在现实社会中，人的生命活动与语言息息相关。人之所以成为社会人，人与人之间交往、人与社会之间的关系和人的日常生命活动无不是借助语言这个交往载体和交际工具来实现的，人的一切日常生命活动也无不存在于特定物质世界和现实生活与语言交际行为的联系之中。

语言是人的主观意识、观念和思维的物质外壳，是意识、观念、思维内容的物质载体。因此，不仅物质世界表现于语言之中，语言的内涵也是意识、观念、思维反映物质世界的内容，而且意识、观念、思维的内容也寓于语言之中。语言是意识、观念与物质世界存在关系之间的中介、媒体和桥梁，正是由于两者之间存在着语言这个媒介和桥梁，才使得这种联系成为可能，并获得不断的巩固和发展。其实，人的意识、观念和思维最初也是与人的物质活动、人类物质交往、现实生命活动和社会生活活动中的语言交往融合在一起的，人类的意识、观念、思维和语言本身也都是人的物质活动、人类物质交往活动、现实生命活动、社会生活活动和使用语言交流信息需要的直接产物。因此，英语教学建设、发展、创新和实施的目的、内容、方法都应彰显出语言与学生现实社会生命活动的息息相关性，从而尽量设计成在接近贴近甚至回归学生的现实社会生活的生动情境之中讲解、操练和交际运用英语，进而促进英语教学能获得更为理想或良好的发展、创新的实施效果。

二、英语教学的教学理念

英语教学的教育是人的教育，核心是要重视人的因素，在教育领域中人的因素就是学生和教师。因此，教育需重视学生学习的主体作用和教师教学的指导作用，以发挥师生双主体互动、生成的主观能动性和创造性。在英语教育教学过程中充分发挥师生双主体的主观能动性和创造性，具体体现在以学定教、以教导学、多学精教、不教自学的原理之中。显然，这种英语教育教学原理充分体现了以学生为主体，以教师为主导，发挥师生双主体的互动、生成作用，也对以学生为中心或以教师为中心的理念做出重新评判。

（一）以学定教的教学理念

长期以来，我国传统的英语教学理念是以教定学为主，把学生当作接受教育的对象和吸纳知识的容器，而学校则是生产这些产品的工厂，只注重这些产品的学习成绩，却忽视了学生个性的发展。正确的学习理论和学习理念，则倡导以学定教，以教导学，把学生看作学习的主人，学生是在教师的指导下积极主动地学习知识、掌握技能、提高能力，让学生的个性充分发挥出来，真正做到以学定教、以教导学和教师的指导性相统一。

以学定教不但根据学生已有的知识、经验、需求，遵循学生学习知识、发展能力的规律，确定教学目标、内容、策略方法和评价措施，也立足于激励学生能够积极主动地学习、能主动地思考和运用知识的过程，既立足于学生群体，也立足于学生个体。由于每个学生的潜在能力和创造力都存在一定的差异，因此要注意学思结合，倡导启发式、探究式、讨论式、参与式教学，注重知行统一，注重因材施教，使每一个学生都能获得进步。

（二）以教导学的教学理念

英语教育教学不仅要以学定教，还要有以教导学的理念，以学定教与以教导学是一对对立的统一体。以教导学理念认为，学生不只是知识的被动接受者和使用者，而且也是在教师的指导下能更积极地获取知识的学习者。有效的英语学习就是学生在教师的指导下，根据自己已经掌握的英语知识，不断接受和理解新的英语知识。因此，学习英语不是一味地接受知识，更何况学生本身也不是一个接受知识的机器。学习应该是学生在教师的指导下，根据自己自身的兴趣和能力，积极主动地去学习。以师生互动的形式来接受知识，这样，学生才能更好地理解并掌握知识。

（三）多学精教的教学理念

大学英语教育不仅是以学定教、以教导学，而且还须多学精教。英语教学不仅是师生之间的互动过程，还是师生之间和外界环境之间的互动过程，更是师生之间情景交融的多向互动的过程。多学精教的教学理念是指在师、生、情境、英语、情意互动的过程中，学生要积极主动地多学、多用，而教师则充分利用具体、客观的情境在学生已有知识、经验的基础上精教知识的重点和难点，以便腾出更多的时间让学生多学、多用。英语教育教学只有在具体的情境中，在学生已有的知识、经验基础上进行教学，才能达到精教知识的重点和难点的目标，并更易于为学生理解和掌握。因为环境是语言现实的体现，如果没有客观的语言环境，那么语言就缺少了存在感，也难以理解和掌握。在学生已有知识和经验的基础上精教新知识，既能节约教的时间，又便于学生理解和吸收，而且新旧知识融合所形成的新知识结构网络也有利于记忆和快捷提取运用。在具体的情境中，在学生已有知识、记忆的基础上精教，自然就能腾出更多的时间给学生学习。

（四）不教自学的教学理念

英语教育教学不仅是以学定教、以教导学、多学精教，其最终的目标是不教自学。教是为了不教，不教是为了能自学。终身享受自学的乐趣是学生学习的最终目标，也是学生学习最理想的结果。语言沟通的本质特征是具有双向或多向的交流性和沟通性，而且双方或多方都是不依赖于他人的独立、自主的个体，这就是不教自学的自然境界。

中国特色社会主义外语教育体系强调以学生的发展为本、为重点。除学生以外，教师是一个重要的角色，教育大计，教师为本；教育教学改革，关键在于教师；只有有了好的教师，才可能有好的教育。因此，以学定教和以教导学两者之间具有内在的逻辑关系。教师不只是知识的载体、来源，也是传道、解惑的人。教学不但不能以教定学、把教师作为主体，也不能排斥以教导学、仅仅把学生作为主体。教师应该教会学生学习和运用知识的方法，所谓"师傅领进门，修行在个人"，但这并不是否定教师的作用，而是更多地强调教师对学生的引导作用。因此，师生之间应该互敬互爱，教师应该尊重学生的人格，学生应该尊重教师的付出。

尤为重要的是，英语教育教学不能止步于以学定教、以教导学，以学定教、以教导学还需要通过多学精教才能最终通达不教自学的最高境界。因此，以学定教、以教导学、多学精教、不教自学是一个蕴含内在逻辑联系的统一体，四个方面互动、生成才能达到英语教育教学理想的目标。教师的职责就是教书育人，促进学生的发展。教师把全部的精力投入教书育人中，无论是一件细小的事情还是一堂微不足道的课，都是为了有效激励学生的思想情感，激发学生的求知欲望，促进学生独立学习的能力，同时也体现自身的价值。它更直接地体现在不教自学的最高境界之中。

根据辩证法理论，对于学生来说，学习是内因，教师教学是外因。内因是起决定性作用的，外因通过内因起作用，这是以学定教的哲学基础；但是外因能起强大的反作用，因而激励、推动内因的发展，这是以教导学的哲学基础。

三、过程、效率和结果的有机融合

学科教育教学是发展文化知识和人文精神的主要渠道，其中作为主要学科的英语教育教学更是落实发展英语，了解扩展外国文化视野、意识的主要学科。提升英语素养和培养人文精神的场所是课堂，因此，英语课堂教学不仅要注重提升英语素养，同时也要培养学生的人文精神，而英语教育、课程的实施和课堂教学是一个过程，人文精神务必体现在整个英语教育教学过程之中，并使学生在掌握英语的过程中潜移默化地接受人文精神的熏陶。鉴于此，英语教育、课程与教学既要重视学习结果，更要关心学生学习英语知识、发展交际运用英语的能力，以及陶冶情志、扩展世界文化意识、学会学习和形成人格的学习过程。英语教育要遵循学习过程，探索学习规律，不能只强调结果、只凭成绩考试来作为教学质量的好坏。英语教学要重视效率，不能让学生花费大量的时间和精力去评比考试成绩。学习英语的关键还在于减负增效，让学生能花费最少的时间和精力去取得最大化的效果。所以，要把教学过程、工作效率和考察结果很好地结合起来，充分发挥学生的个性，发展学生的情志、潜力、创新精神、创造能力与实践能力。

综上，辩证唯物论和科学发展观的指导意义，既具体体现在以人的发展为本，英语素养与人文精神的整合发展，以学定教、以教导学、多学精教、不教自学，英语素养与积极的学习态度协调发展，过程、效率与结果的有机融合方面，还全面体现在学生的全面发展与个性发展，英语的学与思、知与行，英语知识、技能与交际运用英语的能力，英语与母语、思维与英语、听说读写交际运用英语的能力，学习与习得、交际运用语言能力与综合运用语言能力，输入量与吸收量及输出量之间的关系处理等方面。

四、积极的学习态度

传统的英语教育分离了英语素养与人文精神之间的关系，和英语素养与积极的学习态度之间的联系。学习成了压得学生喘不过气来的重担，从而也造成耗时多、收效微的学与教的不良后果。学生学习英语时，只有以积极的学习态度，自觉主动地动脑、动耳、动眼、动手等多感官多渠道地学习和运用英语知识、发展英语技能和交际运用英语的能力，才能快捷、有效地提升英语素养。

积极主动的学习态度是人文精神的重要体现。积极有效的学习倡导的是学生作为学习英语的主人翁和创造者，关注个性自由发展，积极调动学生学习的主动性，才能使英语学习达到事半功倍的效果。提升英语素养，学生就能逐步树立学习的信心，从而产生学习兴趣，这是学习英语的成就感赋予学生对学习的信心和兴趣。对于学生来说，英语不仅成了他们学习的一门重要学科，更成了生命中一个积极的、富有乐趣的不可或缺的部分。学有信心、学有兴趣不仅能促进学习、提高学习效率、加速提高英语素养，即使在学习和运用知识的过程中遇到困难和挫折，学生也能主动地去克服困难，而每次经过努力克服困难后，成功的喜悦进而又能促使其学习取得成功，这也能转化为一种成就感。

第二节　英语教学的语言学理论基础

一、语言的本质

语言是人体大脑内在的一种结构，是说话者的智能部分，是大脑的一种创造性的能力。人们能运用有限的语言手段创造出无限的语言行为。语言是一种外显行为。法语区分了语言（langue）和言语（parole）这两个既不同又相对应的核心概念，这种区分方式得到了高度的评价，区分语言和言语两个相对应的术语，对语言学研究语言本质特征做出了重大的历史贡献。因为区分语言和言语这两个既有区别而又有联系的概念，是最能体现语言本质特征的。

语言等同于语言体系（language system）。作为代代相传的一种体系（language as a system），语言包含语音、词汇、语法结构规则，是一种在人的头脑中（或语言社团中）共有的抽象和稳定的体系，是内在于大脑中的一种语法系统或一套普遍规则。因此，语言具有社会性的特征，它决定每个人听、说、读、写的具体形式。

言语是指语言运用（language as used），是指语言"运用"的范畴（as the "executive" aspect of language），是人们说出和听到的话，是人们写出和理解的内容。言语是人们说话表达内容时的内在心智符号（signs in the mind）和心理生理机制相组合的外化结果。因此也可以说，言语是语句的产出（produced）、表达和运用。言语就是运用语言或语言运用，是表现出来的具体内容。它反映讲话人的个人特点，并总是与具体的情境或环境、语境和情意紧密相连的。因此，其经常因时因地而无限动态地变化。相对于语言来说，言语具有个人性、具体性和变化性等特点。

语言和言语既有区别，又有联系。语言是语言的形式，是语音、词汇和语法结构的系统；言语是语言表达的内容，是听到和说出的话语，是运用语言表达自己。这是语言与言语的区别特征。但语言与言语又是紧密联系的两个方面：言语，是一个言语社团说出的话和内容；语言，是从言语中归纳出来的结构形式。一个言语社团说出话的总和，就是该言语社团的语言。

二、语言结构和实际话语

对美洲印第安人百来种土著语言的描写，开创了描写语言学和结构语言学的先河。20世纪30年代初～50年代末，结构主义语言学成为世界上占统治地位的语言学流派。根据把语言区分为语言和言语两个方面的观点，可以把语言区分成语言结构和实际话语两个因素。

（1）语言结构因素。语言结构的特征对社团全体说话者来说都是一样的，是语音、语法范畴和词汇等组成的一个严格系统。语言系统是一个语音、词汇、语法习惯的稳定结构，是一个语言社团可能说出的话的总和。

（2）实际话语因素。实际话语（言语）是语言系统未固定的方面，各方面各不相同，而且在系统的特征上都是因时因地和因具体情境无限变化的。实际上，布龙菲尔德描述习惯的、稳定的和严格的语言结构系统与实际话语的区别特点，与索绪尔的语言与言语的内涵完全一致。

三、语言与言语行为

说出的语句可以分成三种言语行为：①说出语句行为（locutionary act），主要是指用语言组成的声音构成符合语法的句子，或用表达某些事物意义的综合体来完成的行为；②用语言做事行为（illocutionary act），是指在特定的语境中、特定的条件下，抱有特定的意向说出语句来完成的行为，如 threatening, praying 和 promising 等；③用语言取效行为（perlocutionary act），主要是指用语句完成事件并取得效果的行为。在此基础上又补充了第四种行为：命题行为（prepositional act）。用语言做事包含着命题和言外之力（illocutionary force）。词面、句面意义和言外之间是紧密联系的。所以，说出语句时，四种行为，即说出语句行为、用语言做事行为、命题行为和用语言取效行为是同时实现的。

根据用语言做事行为的四个条件或四条标准，进一步对用语言做事行为进行了分类。这四条标准，一是基本条件：说出语句的意向（目的）；二是真诚条件：呈现出的心态；三是先决条件：合适的方向，即语句与世界的关系；四是命题条件：命题。根据这四条标准能够把用语言做事行为分成五类：

第一，断言行为（representatives），指描述世界上的状况或事件的言语行为，如 assertion, state, affirm, deny, report 和 conclude 等。

第二，指示行为（directives），指具有使听话者做某些事的功能的言语行为，如 suggestion, order, request, command, demand, ask 和 insist 等。

第三，承诺行为（commissives），指说话者将承担做某些事的言语行为，如 promise, swear, threat, guarantee, offer 和 pledge 等。

第四，表达行为（expressives），指说话者表达对某事的情感和态度的言语行为，如 apologize, congratulate, complain, welcome 和 deplore 等。

第五，宣告行为（declartions），指改变某事的状况的言语行为，如 name, define, declare, resign 和 nominate 等。

四、语言和交际能力

使用语言是为了交际（language is for communication），作为语言知识的语言能力则是交际能力的一个组成部分。一个具有交际能力的人，他必须既具备语言知识，又拥有使用语言的能力。他运用所掌握的语言知识造出了符合语法规则的句子，还运用所掌握的语言规则非常得体地使用语言。因此，如果不懂得使用规则，只是单纯地掌握语法规则，也是没有用的。交际能力的四个特征表现如下：①能分辨并组造出符合语法等规则的句子；②能判断语言的形式环境，并在其中得体地使用语言；③能在实际的语言环境中非常恰当地使用语言；④能清楚语言在实际交往中是常用的和受限定的。因此，交际能力主要蕴含语言知识和语言运用两大因素。

第一，语言知识即语言能力，是指语言的语音、词汇、语法结构和使用语言规则的知识，以及用语言做事的功能等知识。

第二，语言运用即社会语言能力和语用能力，是指运用语言实现交际功能的能力。

第三节 英语教学的心理学理论基础

心理学原属哲学范畴，直到19世纪下半叶，它才脱离哲学成为一门独立的学科。在短短的100多年时间里，心理学获得了飞速的发展。心理学从成为独立学科起，它就对课程与教学产生了越来越重要的影响，并成为外语教育、课程和教学的主要理论基础。回顾外语教育、课程与教学的历史，它们的变换、更替、发展和创新无不打上了心理学理论的烙印。先后对外语课程产生影响的心理学理论主要有官能心理学、联想主义心理学、行为主义心理学、认知心理学和人本主义心理学。

一、官能心理学理论

官能心理学起源于灵魂官能说和心灵实体论的哲学观，它在一定程度上影响了欧洲文艺复兴时期的拉丁语外语教育、课程与教学。从17世纪~19世纪，西方学校教育以官能心理学为理论基础，始终把拉丁语、希腊语、阿拉伯语等古典语言作为训练心灵的最佳学科。

官能心理学认为，人的心灵可划分为不同的官能，它们是可以单独加以训练发展的。而繁杂的古典语言拉丁语的文法是训练学生的记忆能力和提高逻辑思维能力的理想材料，通过讲解、操练语法规则，阅读、翻译课文和原著可以达到发展学生智慧的目的。外语课程的翻译结构形态及后来教育中流行的形式训练说，都是在官能心理学的理论基础上发展起来的。

二、联想主义心理学理论

早期的联想主义认为，人类是通过经验获得知识和观念的，学习是由观念联想构成的。

用在迷津状态下的猫进行的动物学习的实验，揭示了动物式学习的过程。人与动物的学习方式无异，都是刺激和反应联结的加强，无须意识的参与，不过人类的学习方式可能要复杂一些。根据实验的结果，准备律、效果律、练习律等学习定律被提出。直接法主张外语的词语与实物、行动之间建立联想关系，这与联想主义心理学相关。外语课程中的直接和情境结构形态的联结也深受联想主义心理学的影响。语言的整个学习过程是形成联想的过程。

条件反射是在非条件反射基础上形成的暂时性神经联系，是动物生活适应环境的变化。如果神经联系获得进一步巩固，就会形成动力定型，养成自动化的习惯。后来还出现了两种信号系统学说，即第一信号系统学说（以具体事物为条件刺激）和第二信号系统学说（以词语为条件刺激），引起动物的条件反射。两种信号系统学说认为，词语第二信号系统与具体事物第一信号系统一样都能引起动物条件反射。外语自觉对比法依靠本族语的原则就是建立在已有的母语第二信号系统的理论基础之上的。

三、行为主义心理学理论

行为主义心理学是20世纪上半叶在北美乃至世界各地占统治地位的心理学流派。行为主义心理学把行为而不是意识当作研究的客观对象，否定人的意识作用，认为人的学习行为，包括情绪反应，是"刺激反应联结（S-R bond）"的结果。

行为主义心理学在20世纪20年代有了新的发展，认为在刺激与反应之间存在着中介变量，而以新行为主义为代表的影响最大。用白鼠和斯金纳箱做实验，除了证明经典条件作用应答性行为学习之外，还提出了操作性条件作用的原理，而操作性条件作用模式则又可用来解释基于操作性行为的学习行为。其被称为"强化类条件作用"，并用公式表示为刺激（S）—反应（R）—强化（R）。在行为主义心理学看来，言语行为同非言语行为一样，也是由一连串S-R联结和获得强化而形成的习惯行为。

联想和刺激、反应、强化是学习和记忆的基础，它们是听说法的理论基础。听说法认为，外语学习是形成一个习惯的过程，而习惯是通过刺激—反应—强化来形成和巩固的。

四、认知心理学理论

理性主义猛烈抨击语言学习经验主义的行为主义理论。转换生成语法理论认为，语言是受规则系统支配的语言，人类的绝大多数语言运用不是行为模仿，而是从隐含着的抽象规则中创造出新的句子，句子不是模仿和重复所得的，而是由学习者的语言能力（内在的语言知识结构）转换而成。与此同时，认知心理学也反对刺激、反应二元说，认为在刺激和反应之间还存在有机体的思维活动（S-O-R），强调人的心理认识过程。新旧知识同化成新的结构S-（AT）-R理论，个体同化（A）于认知结构（T）之中的观点，掌握知识的基本结构观点和发现法，有意义学习等，都成了外语课程认知结构形态、交际结构形态和教学法体系的认知心理学的基础理论。

五、人本主义心理学理论

人本主义心理学产生于20世纪60年代的美国。人本主义心理学是当时盛行的行为主义心理学派和精神分析学派这两股思潮相对抗的结果。由于它不同于两股心理学思潮，所以称之为"第三思潮"或"第三力量"（third-force psychology）。它认为行为主义是机械的，忽视人的情感反应，而精神分析学则过分强调人的无意识情绪，怀疑个人动机。与此两股思潮相反，人本主义心理学强调人的主观活动，第一次把"自我实现"和"人的潜能"引入心理学。以人本主义心理学为基础的教育是以"人的能力的发展"为目的的，期盼把人培养成自由的人，达到自我实现的价值，这意味着人格其他部分的发展成长与智力发展同等重要。这样的人才是知情合一的人，是完整的人。学生是作为完整的人而存在的。人本主义心理学强调认知与情志的统一，形成自我实现的人格。由此可见，学校教育要以学生的发展为中心，强调学生的实践，防止抑制学生学习中的身体活动、认知能力和语言活动，并且发扬学生之间、师生之间的探究合作，打造良好的人际关系，来营造一种宽松的心理氛围。这些学说无疑给传统的教育思想带来极大的冲击，也向教师提出了严峻的挑战。

人本主义心理学的思想影响了20世纪70年代的外语教育，使之先后出现了一系列外语课程结构形态，如社团学习、沉默、暗示、全身反应、自然和合作学习结构形态和方法体系等。

第三章　英语教学中的常用方法

对于当代大学生来说，学习英语的目的不能仅局限于通过各项考试，而应该在于运用英语进行交际。同时，当前的新形势也对英语教师提出了更高的要求。英语教师不能再单纯依赖传统的教学方法与途径，而应该积极发挥个人的主观能动性，不仅做到"传道、授业、解惑"，还要积极探寻英语教学与学习的规律，帮助学生接受英语、理解英语，从而真正地学会并能熟练地应用英语。本章重点解读语法翻译法与直接法、情景法与听说法、认知法与交际法、全身反应法与任务型语言教学法。

第一节　语法翻译法与直接法

一、语法翻译法

语法翻译法是英语教学的一种方法，其以翻译和语法学习为主要的教学活动。语法翻译法为欧洲教授拉丁语和希腊语的传统方法。这种方法从19世纪开始应用于教学现代语言，如法语、德语和英语，至今还在许多国家应用。

（一）语言和语言学习的观点

语法翻译法把目标语（英语）看成一个规则系统，这一规则系统能从在文本和句子中了解到，并与母语规则和意义有联系。语言学习被视为智力活动，这种智力活动涉及规则学习、规则记忆和以大量翻译方式与母语意义相联系的操作。

(二) 教师的教学目的

按照使用语法翻译法教师的理解，学习英语的主要目的是通过学习英语来培养其阅读文学作品的能力。为达到此目的，学生必须掌握英语的词汇和语法规则，以便能运用其进行翻译。教师还相信，在学习英语的过程中，通过背诵语法规则、背诵词汇、应用语法规则做翻译练习，学生们可以得到很多逻辑、思维的训练，从而使智慧得以提升。

(三) 主要的教学活动和特点

语法翻译法主要的课堂教学活动包括：对整篇课文大意的译述，把英语课文逐句译成母语的活动，对课文中语法规则做演绎式的讲解，以及直接阅读课文以加深对课文的理解等活动。

如果在一个以语法翻译法为教学方法的课堂上听课，教师在教授"最后一课"（The Last Lesson）时，课堂活动很可能会做如下设计：

第一，教师会用母语把文章的作者和写作背景做一个简单介绍，接着教师会对文章大意进行译述，以使学生对文章的整体有一个初步的理解。

第二，对课文进行逐句翻译。一般来说，在翻译之前，教师会带读单词表里的单词，以使学生知道单词的发音和意义。在逐句翻译的时候，教师会先朗读句子，然后用母语解释词的意义、短语的意义和句子的意义。碰到语法方面（包括词法、句法及惯用法）的问题，教师会比较详细地解释语法现象、规则和用法，并举例加以说明。逐句翻译和语法讲解是语法翻译法课堂教学的中心活动，它占去课堂活动的大部分时间。

在讲解清楚语法和翻译完课文的基础上，教师还会让学生直接阅读课文，并做一些阅读理解的练习以加深对课文整体的理解。阅读理解的练习多半以多项选择的形式出现。

到此为止，教师基本完成了一课的教学。教师还可以根据情况让学生做一些笔头的翻译练习。

（四）对学生能力的培养

语法翻译法重视词汇和语法的学习，强调阅读和写作两个方面能力的培养，而听、说能力并没有得到应有的重视。

（五）教学材料的设计

在语法翻译法的教材中，不少课文选自英语文学原著或选自文学原著的简写本或改写本，课文会按照语法现象和项目的出现顺序来安排，很多教材采用线性排列的组织方法。课文后一般编有语法项目的解释、练习，并有英语和母语对照的词汇表，词汇按阅读课文的需要来选择，通常选择生词或旧词新义。

（六）教师和学生的角色定位

在该教学法里，教师是课堂教学的权威、知识的传授者和课堂教学的组织者，学生在教学中接受教师的教导并按教师的指示去做。

（七）母语的作用

母语在语法翻译法中是教学语言，教师用母语翻译外文，进行语法讲解，并用母语回答学生的提问。

（八）教师对待错误的态度

由于使用语法翻译法的教师重视语言准确性的培养，他们期待学生能在翻译方面达到较高的水平，因此，他们对学生的错误会及时纠正并为学生提供练习的正确答案。

二、直接法

直接法是英语教学的一种方法，具有以下特点：①只使用目标语进行教学；②意义通过语言、动作、物体等手段结合情景来表达；③先教说，后教读、写；④用归纳法讲授语法。

直接法在19世纪末是作为对语法翻译法的批判而创立的。

(一) 语言和语言学习的观点

主张直接法的学者认为口语是第一性的，而非笔头语。所以学生应学习日常使用的目标语。英语学习和母语学习相似，语言学习过程可用联想心理学（associationist psychology）解释。因此，可以将英语教学与教室、家庭、街道等不同环境中的实物、人物等联系起来。

(二) 教师的教学目的

使用直接法的教师旨在培养学生使用英语进行交际的能力。虽然听、说、读、写四种技能都要培养，但在入门阶段的重点放在对学生口语能力的培养方面。为了更好地达到培养学生运用英语进行交际的目的，学生应学会用英语进行思维，只有这样，才能摆脱母语的干扰，无障碍地用英语表达自己的思想。

(三) 主要的教学活动和特点

直接法主要得名于它主张在英语教学中将英语词语同它所代表的事物和意义直接联系起来。这种联系是直接的，不需要以翻译为中介。直接法的主要目的是培养学生运用英语进行交际的能力，而在初级阶段主要是口头交际的能力。因此，在直接法的课堂里，教学活动有如下3个特点：①全英语的教学。教师用英语进行教学，并广泛使用实物、图画、手势、表情等直观手段对英语的词义和句子等进行解释，以使意义表现得更清楚。②模仿、朗读和问答是主要的教学活动形式。这些活动有利于帮助学生更好地掌握正确的语音、语调和培养学生的口头表达能力。由于直接法主张听、说、读、写同时进行，因此在突出听、说技能训练的同时，读、写也要从一开始就抓起来。③教师要求学生在提问或对教师的问题作答时，均以完整的句子说出问句或答句，因为句子被视为口头交际的基本单位。

(四) 对学生能力的培养

在直接法的课堂里,虽然听、说、读、写的训练一开始就已经出现,但是口语被视为基础,特别是在入门阶段,教师的工作重点是培养学生的口头交际能力。阅读和书写的练习都是根据口头练习的材料来设计的。由于对口头表达能力的重视,教师从一开始就十分重视训练学生标准的发音和扩大学生的词汇量。相比之下,对语法规则的学习和讲解往往会被忽略。

(五) 教学材料的设计

主张直接法的学者在编写教材时,很注意使用"活语言"作为基本材料,在教材中安排讲授"日常用语",以使学生能学用结合、学以致用。有些学者认为,按直接法的教学大纲编写教材是以情景(如教授"购物""在银行里"等情景中使用的语言)或以某一话题为基础的(如教授谈论"天气""地理"等话题的语言)。

(六) 教师和学生的角色定位

虽然在直接法的课堂里教师主持所有的教学活动,但学生要比在语法翻译法中主动得多。教师和学生有着一种搭档(或伙伴)的关系,学生可以向教师提问和回答教师的问题,教师可以向学生提问和回答学生的问题。另外,学生也可以与学生之间进行对话并讨论问题。

(七) 母语的作用

由于直接法强调语言形式同客观表象之间联系的直接性,认为在英语形式和客观表象之间不应加入相应的母语形式,否则母语将会成为学习英语的障碍,干扰英语的学习。因此,直接法主张全英语式教学,不应该在英语课堂中使用母语。

(八) 教师对待错误的态度

从教学法简史中可知,直接法是在学者们对学生学习母语、运用母语进行观察研究的基础上建立起来的。学生学习母语,犯错误是不可避免的,父母却不会过多指责学生的错误,相反,他们会以不同的形式讲出正确的语言,让学生自己去纠正错误。使用直接法的教师对待学生的错误也如父母对待学生学母语时的错误一样,采用不同的方法让学生自己纠正错误。例如,当一个学生提问"What is the ocean in the West Coast ?"时,教师可以说"You say 'what is the ocean on the West Coast?'"耐心地以谆谆教导的方式让学生意识到自己的错误,最后达到自我改正的目的。

第二节 情景法与听说法

一、情景法

情景法又称口语情景法(oral approach and situational language teaching),是20世纪30~60年代由英国应用语言学家创立的英语教学法。情景法的影响较大,现在许多学校仍在使用按它的原则编写出来的教科书、工具书和字典,如《新概念英语》《英语句型和惯用法》《现代高级英语学生字典》。虽然情景法和听说法有共同的理论基础,但是情景法也有不同于听说法的特点,即,它强调语言在情景中的应用。

(一) 语言和语言学习的观点

情景法的语言观是英国的结构主义。口语是语言的基础,结构是讲话能力的核心,应在情景中通过口头练习来学习语言结构。学习语言有三个过程,即,接受语言输入,通过重复操练熟记语言并在实际练习中使之变为个人技能。很明显,行为主义的语言学习观是习惯形成理论。

（二）教师的教学目的

使用情景法的教师希望通过英语教学培养学生4种基本的语言技巧，即听、说、读、写的技巧。这些技巧是通过对语言结构的掌握获得的，而语言结构又是通过口语的训练来掌握的。

（三）主要的教学活动和特点

《新概念英语》的教学活动可以概括为：提出情景，学习语言；听说领先，反复操练；书面练习，巩固结构。

教师首先根据课本中提供的图画（情景）向学生说明将要学习的内容，其次是听力训练：听对话或课文的朗读（或录音）。由于教师要求学生合书而听，所以在这一阶段，学生只接触到声音符号和图画提供的信息，没有与文字符号打交道。最后，教师开始对课文或对话进行讲解，并要求学生弄懂新的词汇和语法结构。教师用英语做解释，但碰到特别困难的词汇和结构时，也可以用母语讲解。在学生理解课文内容的基础上，教师指导学生对课文的重点结构进行操练。操练时，教师向学生提供一定的语言线索或情景，控制操练的内容，学生则按要求口头操练不同的语言结构。

在听、说练习的基础上，教师会安排笔头练习，好让学生把学到的语言结构加以巩固。笔头练习的形式包括回答问题、句型转换、造句等。

（四）对学生能力的培养

情景法有六大特点，其中两个特点是：①语言教学始于口语（Language teaching begins with the spoken language.）。材料在以书面形式呈现之前是口头讲授的（Material is taught orally before it is presented in written form.）；②一旦有了足够的词汇和语法基础，就会引入阅读和写作（Reading and writing are introduced once sufficient lexical and grammatical basis is established.）。通过解读这两个特点可以发现，虽然情景法的目标是培养学生听、说、读、写的能力，但是它强调的仍然是听、说方面的能力。在主张情景法的学者看来，口语是第一性的，是笔头语的基础，是在教学中应强调的方面。

(五) 教学材料的设计

情景法的教材在编写方面有两个明显的特点：①按照语言项目的出现频率，选择词汇和语法项目，常用的先安排，先教授；②按照从简单到复杂的原则安排和组织教学内容。

《新概念英语》明确地体现了这两个编写原则。就词汇项目而言，它先覆盖常用词汇表中的2000个常用词，然后才教授一些较难和出现频率较低的词；就语法结构而言，先教授简单句，然后教授并列句，最后才是复合句。

(六) 教师和学生的角色定位

在情景法的教学中，教师不仅是语言楷模，而且是课堂活动的设计者和指挥官：作为语言楷模，教师以正确的英语设计学习的情景，教师的语言是学生模仿的标准；作为课堂活动的指挥官，对所有的课堂活动进行组织和控制；作为活动的设计者，在教学中需要认真观察学生的错误，然后考虑在下一堂课中应如何设计教学，以便帮助学生改正错误。

在学习的初级阶段，学生是一个模仿者，模仿教师的语言，按教师的指令去做。随着学生水平的不断提高，教师会鼓励他们多提问和多做一些控制性较少的活动，如对话。

(七) 母语的作用

在情景法的课堂中，英语是教学语言，教师使用英语组织教学、解释语言项目和布置家庭作业。但在解释语言词汇或结构时，当碰到一些难以解释清楚的项目时，教师也会使用母语进行讲解，但教师不鼓励学生使用母语进行翻译。

(八) 教师对待错误的态度

语音和语法方面的准确性是十分重要的。因此，在学习过程中应想方设法避免学生出现错误。一旦错误出现，教师应及时予以纠正，以便使学生养成良好的语言习惯。

二、听说法

听说法是由美国语言学家建立起来的英语教学方法。它和直接法的共同之处是强调口语的第一性，强调口头能力的培养。但它也有自己的独特性，它认为语言是不同的，母语是英语学习的主要干扰，可以使用 CA (contrastive analysis) 对比分析母语和英语各个层面的异同，预测学习英语时碰到的困难；困难来源于两种语言的差异。听说领先，读写跟上，这可以说是听说法特点的一种表述。

（一）语言和语言学习的观点

听说法把语言看作一个系统，这个系统由在结构上相互联系用以表意的成分组成，这些成分是音素、词素、单词、结构和句型。因此，听说法在语言学理论方面是以结构主义作为其理论基础的。

在语言学习理论方面，听说法是以行为主义的学习理论作为依据的。按照行为主义言语行为的学习模式，语言技能的获得必须经过刺激—反应—强化这一过程。学生会对教师的语言（刺激）做出反应。教师应尽量强化正确的反应，使它们重复出现。由于语言学习被视为习惯的培养，教师会要求学生重复某些语言结构以加快习惯的养成。因此，句型操练在听说法中被视为一种有效的方法。

（二）教师的教学目的

使用听说法的教师希望通过教学培养学生使用英语进行交际的能力。语言是一套习惯（language is a set of habits），学习英语就要养成一套新的习惯。而要这样做，就需要超量地学习（over learn）语言，通过大量的模仿、记忆和操练，熟练掌握各种语言结构（包括语音、语法和词汇的结构），在运用各种语言结构进行交际时能达到不假思索脱口而出的程度（或称为自动化的程度）。为能自动化地使用英语，学生们必须克服母语的旧习惯对英语新习惯的干扰。

(三) 主要的教学活动和特点

由于听说法重视口语教学，教材中的每篇文章均由对话开始，因此教授对话是听说法课堂的主要活动。听说法课堂的教学活动和特点可以总结为四步：①教授对话，听说领先；②跟读模仿，句句复述；③强化操练，掌握句型；④巩固口头，读写跟上。

为把对话教得生动活泼，教师可以通过不同的方式进行表演。例如，在一个听说法的课堂中，教师正在教授真空吸尘器推销员和顾客之间的对话。为了表演得生动逼真，男教师一会儿把一个蝴蝶结放在头上扮演女顾客，一会儿又把蝴蝶结放在脖子前面扮演男推销员。

一般来说，教师会分两次对对话进行表演，以使学生听懂对话的内容，然后教师会要求学生一句一句地模仿跟读。如果遇到比较长的句子，教师会用逆向组句法（a backward building-up drill）来训练学生对难句的掌握。

多次的模仿和跟读后，教师、学生之间会表演对话。表演的形式可以是多样的，既可以由教师扮演对话的一方，全体学生扮演对话的另一方，也可以由一半学生扮演对话的一方，另一半学生扮演对话的另一方。无论跟读或对话，其目的都是使学生能背诵对话。

接着，教师会抽出对话中的一些句型进行句型操练。句型操练可以说是听说法中一个很有特色的训练项目。它可以是替换词型（a single-slot substitution），也可以是句型转换型（transformation）。做替换词型的操练时，教师可以先提供一个句子："I'm going to the post office."然后利用多媒体向学生展示一张银行的图像，接着说"I'm going to the bank."接着可以向学生展示不同的图像：药店、公园、餐馆，训练学生说出"I'm going to the drug store/park/restaurant..."。对于句型转换型的操练则更加灵活了，教师可以说出肯定句，训练学生说出否定句或疑问句；教师还可以说出两个句子，训练学生把它们合成一个复合句（定语从句、状语从句等）；教师也可以说出一个句子和提供一个情景，训练学生说出一个某种句型的句子

（如倒装句、虚拟语气的句子、感叹句等）。句型操练是训练学生掌握各种句型、句子结构的一种行之有效的训练方式。只要教师运用得当，它会是一种效果很好的训练项目。

不管是模仿跟读还是句型操练阶段，教师对读得好、做得对的学生都会予以鼓励，教师会说"good"或"very good"，以此提高学生的学习积极性，促进学生良好习惯的养成。

通常来说，听说训练完成后，教师可以布置阅读和书写的练习，以提高听、说的效果。也就是说，在听、说训练完成后，教师才会让学生拿到或看到所学对话的书面形式，这大概就是很多人把听说法的具体操作总结成"听说领先，读写跟上"的原因。

（四）对学生能力的培养

创立听说法的学者认为口语是第一性的、文字是第二性的，良好的听说训练有利于读写能力的培养。因此，听说法强调听、说能力的培养，课堂的大部分时间都花在听和说的训练方面。教师很注意学生的发音和语调，不少教师还使用语言实验室加强听的训练，特别训练学生对不同音位（phoneme）的词对和句子的区分，教师还会使用语言实验室训练学生掌握正确的语音和语调。

（五）教学材料的设计

听说法教材的编写有两个较明显的特点：①按结构大纲（structural syllabus）来编写；②考虑学习者的母语和文化背景，根据不同母语背景的学生的特点来编写。

在结构大纲里，对语言不同的层面（语音、语法、词汇）都有较详细的描述，各种结构都按由简单到复杂的顺序排列好，以供编写教材使用。因此，在听说法的教材里，可以看到有语音的训练项目（发好某一个音的要领、发音的示意图等）、语法结构的训练项目和词汇的训练项目。但最中心、最重要的项目应该算是句型的训练，这是因为支持听说法的学者认为，语言首先是言语，而言语应通过结构去学习。

语言是一套习惯，而语言又各有所异，因此，在学习英语时必须克服母语习惯的影响，养成英语的新习惯。要找出母语对英语学习的负面影响，使用对比分析方法，比较两种语言（母语和英语）各个系统（语音、语法和词汇系统）的异同，从而找出某一母语的学生在学习英语时会碰到的问题。因此，在编写教材时，编者会做两种语言系统的比较，比较母语和英语在各个层面的异同，并按照学习者不同的情况、不同的母语等编写出不同的教材。

（六）教师和学生的角色定位

在听说法的教学中，教师不仅是学习英语的楷模，还是课堂活动的指挥官。学生是模仿者，他们时时在模仿教师的语音、语调，会尽自己的努力争取模仿得更像。课堂上的活动，不论是对话教学还是句型操练都是在教师的指挥下进行的。教师控制操练的速度，熟练掌握操练的程度，不仅可以鼓励学得好的学生，还可以对学生所犯的错误进行纠正。从这个意义上来说，听说法是一个教师起支配作用的方法。

（七）母语的作用

在听说法中，母语的习惯被视为学生学习英语过程中养成英语新习惯的干扰，因此母语不在听说法课堂中使用，英语是教学的主要语言。为了找出学生学习英语的难点（trouble spots），教师可以将母语和英语两个系统进行对比分析。根据对比分析的结果，母语和英语的不同点将构成学习上的难点。

（八）教师对待错误的态度

听说法认为，学习英语是掌握一种新的语言习惯，而习惯的形成主要靠正确的模仿和练习。因此，从学习英语的第一天开始，教师就要严格要求学生，要求学生做到理解正确、模仿准确、表达无误。教师应及时纠正学生的错误，使学生养成正确的英语习惯。

第三节　认知法与交际法

一、认知法

认知法是英语教学的一种方法，其所依据的观点是，语言学习是主动的心理活动而不只是形成习惯的过程。它强调的是学习者在运用和学习语言特别是学习语法过程中的积极作用。

(一) 语言和语言学习的观点

转换生成语法和心理语言学可视为认知法的语言和语言学习理论。认知法认为，语言不是一套习惯的结构，而是一套受规则支配的体系；人类学习语言不是单纯地机械模仿，而是受规则支配的创造性过程。在学习理论方面，有认知理论的四个原则：①活的语言是受规则支配的创造性活动；②语法规则有其心理的现实性；③人类有独特的学习语言机制；④活的语言是思维工具。按照这些原则，语言教学应视为一个有意识学习的系统（a consciously learnt system），新语言应在实际中呈现和实践，学习语言应在有意义的实践中进行。

(二) 教师的教学目的

认知法的教学目的是培养学生实际、全面地运用英语的能力，它探讨怎样才能使成年人掌握英语，以达到使用英语的目的。

(三) 主要的教学活动和特点

认知法把英语教学过程分为三个阶段，即语言理解、语言能力和语言运用。

第一阶段主要是对语言进行理解的阶段。学生要理解教师讲授或提供的英语材料，明白语言规则并懂得它们的构成和用法。按照认知法的理论，语言规则的讲授可采用发现法（discovery learning）。教师可提供易于使学生发现规则的语言材料，从已知到未知，引导学生发现和总结出语法规则。

第二阶段的教学主要是语言能力的培养。语言能力，必须在理解语法规则的基础上，通过有意识、有组织、有意义的操练来获得。操练形式是多种多样的，其中有些形式会与听说法的练习形式相同。但是认知法主张的是做表达思想感情的有意义的练习，而反对那种只重形式的机械性练习。练习的形式可以是看图说话、描绘情景、转述课文、造句和翻译等。

如果第二阶段的练习是紧扣课文、围绕课文的语言点进行且控制性较大，那么第三阶段的教学活动应该是控制性较小的、使学生享有更大自主权的交际性练习。通过多样化的交际性练习，培养学生运用语言材料进行听、说、读、写的能力，特别注意培养学生真实的交际能力。

交际性的练习可以是按指定的情景进行交谈，如围绕在商店购物、在医院看病、在餐馆用餐的环境中进行交谈；也可以是按指定的题目进行叙述和讨论。交际性的练习可以是口头的角色扮演，也可以是书面的作文和翻译。不管其形式如何，第三阶段的交际活动是以学生为中心的，教师处于从旁指导的地位。

（四）对学生能力的培养

尽管认知法主张听、说、读、写齐头并进，但它过分强调规则的指导作用和成人学习英语的特殊性，因此对语音、语调方面要求的严格程度稍逊于学生的理解能力和自学能力。

（五）教学材料的设计

认知法的教材按有利于培养学生发现和理解语言规则的原则来设计。教材中包括反映英语在不同情景中使用的电影、录像和录音等材料，以便使教师在教学时能对不同的语言结构进行不同形式的操练，并创造英语环境让学生进行交际的操练。

(六) 教师和学生的角色定位

认知法认为，在英语学习中，教学活动应以学生为中心，只有激发学生对英语的兴趣，激起他们学习上的动力，教会他们正确的学习方法，他们才能积极、主动和有创造性地学习英语。因此，在英语教学中教师是导师，引导学生解决学习上的问题，引导学生发现语言规则，创造情景让学生操练语言规则；学生是英语积极的使用者，他们在教师的指导下，发现语言规则、理解语言规则，并在大量的交际活动中创造性地运用这些规则。

(七) 母语的作用

主张使用听说法的学者重视语言的差异性，而赞同认知法的学者则重视语言的普遍性和共同性。他们认为，成年人学习英语可以利用自己在母语学习中已掌握了的语法知识、概念和规则为英语学习服务，进而促进英语学习。因此，母语应该在英语教学中使用，它可以用来讲解语法规则和语言现象。与此同时，支持认知法的学者也意识到母语和英语在结构上存在着差异，母语的过多使用必然会干扰英语的学习。因此，他们认为母语的使用要适量和恰当。一般来说，在教学的第一阶段，即语言的理解阶段可多用母语，在第二阶段和第三阶段应多用英语。

(八) 教师对待错误的态度

支持认知法的学者认为，语言习得是按照"假设（hypothesis）—验证（check）—纠正（correct）"的过程进行的。在语言习得的过程中，出现错误是难免的，也是很自然的。学生的错误可能由各种原因造成，母语干扰、教学不当或英语内部某些成分相互干扰都会造成错误。所以，对错误要做具体分析，找出原因，给予必要的指点并提出纠正的方法。但在交际过程中，由于不熟练、疏忽或某些语言项目未习得而出现的错误，只要不影响交际，教师就不必打断学生说话而进行纠正，以便创造一种轻松愉快的交际气氛，让学生更好地使用语言。

二、交际法

交际法（the communicative approach）又称功能法（the functional approach）或功能-意念法（the functional-notional approach），产生于20世纪70年代初期的西欧共同体国家。英国学者为创立交际法做出了杰出的贡献。交际法是人们深入研究语言功能的结果，标志着在英语教学中人们开始从只注意语言形式和结构的教学转向注意语言功能的教学。

（一）语言和语言学习的观点

交际法视语言为交际工具，因此，英语教学的目的是培养学习者的交际能力。一个掌握了语言交际能力的人，不仅懂得语言的结构，而且还知道在什么时候、什么场合、对什么样的对象得体地使用语言。在语言教学中，学习者不但要学会结构，更重要的是学会使用结构、掌握语言功能。强调交际中意义的传递、语言的使用是交际法的特点。

交际法的语言学习理论依据可以从其实践中了解到，可将它们归纳为三个原则：交际性原则、任务性原则和意义原则。交际性原则认为，涉及真正交际行为的活动能促进语言学习；任务性原则指出，使用语言进行有意义的活动能促进语言学习；根据意义原则，对学习者有意义的语言能促进语言学习。按照这些原则，应该让学生在真正的交际活动中进行有意义的活动，完成一定的学习任务，以达到培养语言交际能力的目的。

（二）教师的教学目的

支持交际法的教师的教学目的是培养学生英语的交际能力。一个学习语言的人不但应该有识别句子是否合乎语法规则的能力和造出合乎语法规则的句子的能力，他还必须懂得怎样恰当地使用语言，即对不同的对象使用不同的语言，在不同的场合、不同的时间使用不同的语言。因此，英语教学应培养学生英语的交际能力，即要培养在一定的社会环境中恰当地使用语言的能力。要达到此目标，学生需要懂得语言的形式、意义和功能，他们应该懂得不同形式的语言结构可以表示同一种思想。因此，学生要通过学习学会使用正确的语言形式来表达思想。

(三) 主要的教学活动和特点

准交际活动是为真实交际做准备而设计的教学活动，可以是句型操练、对话等项目，目的是对英语中的句型和结构进行训练，为交际活动做好准备。如果没有对英语结构和句型的掌握，要进行交际就十分困难。功能性的活动是利用语言功能获取相关信息。社会交际性的活动是利用语言建立和维持人与人之间的友好关系，可以是角色扮演、解决问题等活动。

在交际法的课堂里也有语言结构性的活动。在初中英语教材的教学步骤中，第3项训练（Drills）就属于这一类型的活动。这一类的活动与听说法的句型操练有相似的地方，但不完全一样。因为按照支持交际法的学者的要求，可以把这一类型的活动设计得很像真正的交际活动。

按照支持交际法的学者的理解，真正的交际活动应该有三大特点：信息沟（information gap）、选择性和消息的反馈。缺少这些特点的对话就很可能是句型操练，而不是真正的交际。因此，教师在设计教学活动时也应注意真正交际活动的三大特点。

交际法教学的另一特点是，教师会尽量使用真实的材料进行教学，这些材料可以取自外文的报纸和杂志，也可以取自外国的电台、电视台或电影。

(四) 对学生能力的培养

在交际法里，语言的功能比结构更受重视。一般来说，交际法的教材按功能大纲来编写。同一功能不同结构的语言要分不同的阶段介绍，先介绍简单的，然后介绍较复杂的。

听、说、读、写四种技能从一开始就进行训练。口头交际被认为是在说话者和听话者之间通过磋商（negotiation）而实现的；进行书面交际时，语言的书面形式的意义也是通过作者和读者之间的相互活动而理解的，读者不仅要看懂文章，更要了解作者想要表达的含义。

(五) 教学材料的设计

交际法的教材有不同的设计类型，有纯粹功能型的，有结构－功能型的，也有功能－结构型的，还有题材型的。纯粹功能型的教材，考虑到语言形式的不足，会使语言结构失去系统性；结构－功能型的教材，注意了语言结构的安排，但对功能意念项目考虑不足，也会失去系统性；相反，功能－结构型的教材，注意了功能意念项目及系统性，但对语言结构安排不足；题材型的教材，可以照顾语言形式的系统安排，又能适当地安排功能项目，是编写教材较好的设计形式。

初中英语教材可以算是题材型的教材。在该书中，编者以一组学生、家长和教师为中心人物，通过他们在校内的活动（如上课、生活、过教师节、过愚人节、开运动会、互相帮助等）和校外活动（过生日、过中秋节、家长教师谈话、在农场劳动等）来展示各种学生、家长和教师在实际交际中出现的较真实的情景，让学生在情景中学习英语和运用英语。

题材型的教材可以使语言形式和功能项目完美结合，能采用语言结构和语言功能项目循环式的编排方法，使语言结构的出现从简单到复杂，使语言功能项目多次出现，有利于学生掌握和运用语言。

(六) 教师和学生的角色定位

在交际法中，教师的作用是多方面的。教师既是组织者，安排全部的教学活动；在教学活动中又是顾问，回答学生提出的问题，观察学生的表现；同时也是交际者，不时与学生用英语进行交际。教师的职责是使学习变得更加容易、有趣。从这个意义上来说，教师也是学生学习的提供方便者（facilitator）。

学生主要是以交际者的身份参加学习的，他们在交际法的课堂上通过交际学习交际。

(七) 母语的作用

母语在交际法中没有特别的作用，英语应是交际活动中唯一的语言，在解释课堂活动和布置作业时也应用英语进行。支持交际法的学者认为，要使学生明白英语不仅是一个学习的项目，而且是进行交际的工具。但有些学者认为，有时谨慎地使用母语也是可取的，但要合理、适当地使用。

(八) 教师对待错误的态度

学生在使用英语进行交际时犯这样或那样的错误是正常的，是不足为怪的。学生会在使用英语进行交际的过程中，不断完善自己，从多犯错误到少犯错误。因此，教师应鼓励学生积极运用英语进行交际，就算学生在交际过程中犯了某种错误，只要不影响交际，教师也不应打断学生的思路去纠正学生的错误。

第四节 全身反应法与任务型语言教学法

一、全身反应法

全身反应法是在20世纪60年代后期被创立的一种英语教学法，创立该法的依据是儿童习得母语的表现。儿童学习语言是从听开始的，儿童学习讲话也发生在听别人讲话之后。

儿童对成年人的指令（command）一般是先做行动的反应，然后才做语言的回答。成人学习英语与儿童习得母语有相同的地方，因此可以借助儿童学习母语的方式去学习英语。

(一) 语言和语言学习的观点

全身反应法认为，目标语的大部分语言结构及数以百计的词汇项目都可以通过教师有技巧地使用祈使句来教授。刺激—反应可以看作全身反应法的学习理论。因此，全身反应法体现了以语法为基础的语言观和行为主义的语言学习观。由于在全身反应法中使用了语言和行动的结合，在语言学习层面上，它还与心理学中的记忆痕迹理论，以及降低忧虑、紧张有利于语言学习等观点有联系。

（二）教师的教学目的

教师希望使用全身反应法帮助学生在轻松自如的学习环境中掌握初步的听、说技巧。在学生还不愿意或不敢参与"说"的训练的时候，教师不应强迫他们参与"说"的活动。这样一来，学生在学习英语时就不会感到太大的压力。

（三）主要的教学活动和特点

全身反应法主要的教学活动是发命令（issue commands）和对命令做出反应。最初，教师向学生发命令，学生对发出的命令做出反应。教师在发命令时，会用恰当的语音语调并伴以姿势和面部表情，使人得到一种愉快的感受。

在学生能理解命令和对命令做出正确反应的基础上，学生也可以模仿教师向其他学生下命令，其他学生也会对其命令做出反应。口头操练结束，学生们学习阅读和书写。当然，阅读和书写材料都是口头练习过的祈使句。

（四）对学生能力的培养

全身反应法侧重培养学生的听、说能力，但语言方面则强调对语法结构和词汇的掌握。

（五）教学材料的设计

在编写教材时，有两件事情需要重点注意：①选择适合在课堂环境里使用的词汇和语法结构；②选择学生容易学习和吸收的语言项目。如果发现一些项目（如语言结构、词汇等）不适合在课堂上使用，学生也觉得难以掌握，这些项目就应该从教材中删除。

(六) 教师和学生的角色定位

一般来说，在全身反应法的课堂上，教师是命令的发出者，学生则是对命令做出反应的人。当一部分学生理解了命令并能向其他学生发出命令时，他们也可以成为命令的发出者。

(七) 母语的作用

教师可以用母语来介绍全身反应法，但在教学中教师会全部使用英语。

(八) 教师对待错误的态度

教师对学生的错误应采取容忍的态度，只纠正一些较大的错误。在纠正错误时也应注意方法，不应使学生感到有压力。

二、任务型语言教学法

任务型语言教学是指在语言教学中使用"任务"作为教学核心单位的语言教学途径，它可视为交际法在教学方面的发展。

(一) 语言和语言学习的观点

任务型语言教学以多种语言模式作为其语言理论。任务型语言教学倡导者在研究任务及其分类时注意语言的结构、功能及其互动模式，如在决定任务的语言复杂度时，要使用结构作为标准并注意词块教学的问题；而也有学者提出按三种功能的方式对任务进行分类；也有一些学者主张按互动维度去区别任务的类型。

任务型语言教学的语言学习观点与交际法一样。除此之外，任务型语言教学还有其学习原则，即任务能提供语言习得所需要的语言输入、输出及互动，任务活动能激发学生的兴趣及动力，学习方面的困难也能通过协商来解决。

(二) 教师的教学目的

任务型语言教学的目的在于培养学生在语言使用活动中准确和有效地进行交际的能力。学生在完成任务的过程中获得使用语言进行互动的机会，依靠语言互动，学生能获取和理解语言输入，使用语言表述、交流。学生能在意义协商的过程中建构自己的语言系统。

(三) 主要的教学活动和特点

尽管任务型语言教学的倡导者在教学模式上没有统一的意见，但如果综合强任务派和弱任务派在教学模式中的活动，我们会发现在他们的教学中都包含两种活动类型：任务型活动和语言学习活动。强任务派的任务型活动是真实交际活动和结构性交际活动（authentic communication and structured communication），其他语言学习活动或称使能性任务（enabling tasks）都不算任务型活动；而弱任务派任务则包含所有的任务活动。如果把威利斯（Willis）描述的教学模式（步骤）作为强任务派的模式，把努南（Nunan）的模式作为弱任务派的模式，则他们的教学模式可表示为

willis 的模式：

任务前阶段（pre-task）；

任务中阶段（task cycle）；

聚焦语言阶段（language focus）。

Nunan 的模式：

图式的建立（schema building）；

控制性练习（controlled practice）；

真实性听力练习（authentic listening practice）；

聚焦语言成分（focus on linguistic elements）；

更灵活的练习（provide freer practice）；

引入教学任务（introduce the pedagogical task）。

两种类型的任务型活动即语言学习活动和任务型活动见表 3-1。

表 3-1　强任务派和弱任务派教学模式的比较

活动种类 \ 各活动内容	Willis 模式的内容	Nunan 模式的内容
任务型活动	在任务前阶段激活相关图式（背景知识）及已掌握的语言结构及词汇，在任务中阶段分组进行真实性的交际活动，之后做准备并汇报结果	在建立图式步骤中激活相关背景知识及已掌的语言结构及词汇，进行更灵活的练习和真实性的交际活动
语言学习活动	在聚焦语言阶段使用增强意识活动，让学生在教师指导下分析和发现语言特点，之后设计练习让学生练习语言点	使用控制性练习帮助学生掌握要学习的结构、词汇和功能，使用聚焦语言成分活动练习语言，结合真实性的听力练习加深对语言成分在语境中使用情况的认识

（四）对学生能力的培养

在任务型教学活动中，学生使用目标语完成社会中出现的各类任务。在学习过程中，他们通过语言互动进行交际，在大量的听、说、读、写活动中使用语言和语言运用策略交流，最终获得用目标语在社会活动中做事的能力。因此，可以说任务型语言教学强调通过使用目标语互动达到培养交际能力的目的。

（五）教学材料的设计

由于任务型大纲在设计方面存在一定的争议，而又欠缺相关的实证研究，因此不同学者提出了不同的大纲设计思路。人民教育出版社的 *New Senior English for China* 在编写时"以话题为核心，以结构和功能项目为主线，组织和安排听、说、读、写的活动，通过'任务型'活动和完成项目（project）实现教学目标"。*Go for It* 也可以说是使用同一类模式编写的。

（六）教师和学生的角色定位

教师在任务型教学中要根据学生的需要、兴趣及语言学习水平选择、改编或编写好任务并决定教学的顺序。从这个意义上来说，教师是任务的选择者和决定者。在引领学生进行活动时，教师还扮演着多重角色。他们要帮助学生激活背景知识，组织学生进行小组活动，安排学生汇报做任务的情况并评估学生的活动，给予学生学习方面的反馈。在学习语言的过程中，教师是语言分析的引导者和语言项目操练的组织者。

在任务型语言教学中，学生是小组活动的参与者，以及活动的监控者、探险者和发明者。在参与活动的过程中，学生会观察自己和同学的表现，监控自己和别人语言和学习策略的使用情况，并尝试用最好的手段去解决问题。

(七) 母语的作用

使用任务型语言教学的目的在于培养学习者使用英语进行交际、做事的能力。因此，英语应是教学中唯一的语言，母语在教学中没有特别的作用。但在一定的场合，教师要解释一些问题，如涉及两种文化的差异的问题时是否应使用母语，也值得我们去思考与尝试。

(八) 教师对待错误的态度

在进行任务型活动的过程中，学习者会在教师的指引下使用各种资源（语言和非语言的手段）去完成任务。在日常生活中我们会经常遇到多种困难，如：不懂得"救护车"用英语怎样说，学生会用"car"去表达；不懂得"急救医护人员"用英语怎样说，学生会用"policemen"去代替。这时，教师可用重述（recast）的手段"纠正"学生的用法。这种"纠正"的手段会在任务型语言教学中出现，但不应被视为"纠正错误"，而应被看作"意义磋商"和"聚焦形式"。

第四章　英语知识教学设计方法与学习策略的培养

在大学英语教学过程中,如果教师忽视英语基础知识的教学,片面地对学生进行拔高,使学生在学习过程中比较吃力,那么不仅不能提高学生的素质能力,还容易引起学生对英语知识学习的厌倦,使得大学英语教学效果不理想。在大学英语教学中,应注重英语基础知识的回归,强化学生的英语基础。本章主要讲述语法教学设计方法与学习策略的培养及词汇教学设计方法与学习策略的培养。

第一节　语法教学设计方法与学习策略的培养

一、语法的含义与语法教学的作用

(一) 语法的含义

语法通常是指语言正确性与规范性的使用规则,是人们正确表达思想的规则依据。语法是语言学家和语言教师所研究的一门知识,包括描述性知识和程序性知识。描述性知识由各种语法规则组成,如词法、句法和章法,包括词类、从句、时态和语态、情态等;程序性知识是指如何运用语法完成交际任务的知识。第一种知识可以通过学习获得;而第二种知识表现为一种能力,必须通过训练和运用才能掌握。

在《朗文当代英语词典》中,"语法"的解释为:"(the study or use of)

rules by which words change their forms and are combined into sentences." 从这个解释可以得出，语法是对词语构成及合成句子规律的解释。更确切地说，语法是人们使用语言进行交际时，将词语组成句子，使语言具有明确意义，并能被对方所理解的一套规则。语法在交际中对语言起到组织作用，能帮助更准确、更恰当地理解语言、使用语言。语法的种类很多，大体上可以分为理论语法、参考语法和教学语法。其中教学语法是专门为教学目的而编写的语法，只包括语言中最基本、最常用的语法规则，英语教材中的语法编写体系属于教学语法范畴，是实践语法。学生学习语法不是为学语法而学语法，而是将语法作为语言学习的工具。

(二) 语法教学的作用

培养语言技能是英语课程的目标之一。语言技能包括听、说、读、写四个方面。在这四种技能中，语法知识无不渗透其中，离开了语法知识就无法正确地使用语言。英语课教学语法是必要的，符合中国学生认知规律的循序渐进的语法教学能够迅速有效地帮助学生准确地理解和掌握英语。

可见，教授语法不是最终目的，而是培养学生语言实践能力的有效手段，其最终目的是让学生将语言的形式与其意义、交际功能有机地结合起来，通过在具体语境中体验和运用来内化语言规则，从而达到准确运用语言进行有效得体地交际的目的。因而，在语法教学时，应该考虑到语法教学在英语教学中的意义：学习语法的目的就是确保学习者正确使用语言进行有效的交流。

二、语法的教学原则

(一) 在发现与归纳中思考语法特点

在功能型教学大纲指导下的教材中，语法现象的呈现不系统，一般都渗透和分布在每个单元之中。单从语法的角度看，它们往往是零碎的、断裂的，不利于学生把握语法结构的内在关联。为此，教师在教学过程中就有必要有意识地帮助学生梳理和整合语法。语法梳理主要体现在对同一册教材中语法现象出现的先后顺序方面，梳理过程中首先要考虑已出现的语法与先前已经学过的语法现象是否有关系，先前学习的内容会对后面的新内容起促进还是阻碍作用，学生对已有知识的掌握程度如何，他们在学习新的语法现象时可能会在哪些地方出现混淆，以及新语法现象如何为后面将要呈现的语言现象进行铺垫等。这是语法内部的逻辑结构，也是语法教学中学科层面的基本要求。

(二) 在意义化的语言运用中进行理解和掌握

在理清语法知识内部的结构关系之后，需要考虑的就是学生生活经验、知识积累与教材主题之间的关系。在制订教学计划时，应尽量考虑教学材料与学生生活、经验、能力、兴趣、发展需求之间的结合点，用适当的大主题统领整个课堂教学，尽可能做到教学材料生活化、情境化、结构化，体现语法教学对学生积极思维的调动和利用，使语法教学实现形式与意义的统一。

教授一种语言涉及两个关键特征：①学习者必须以某种有意义的方式来经历语言；②学习者必须使用语言以及所掌握的技能，并在出错后予以纠正。这是语言学习的关键因素，而直接传递式地教授有关语言的知识对二者都没有贡献。当然，这并不是说教师不应该教授有关语言的知识，而是说不能用教语言知识代替教语言技能。同理，语法教学不是纯知识的教学，它必须和情境、意义、生活体验结合起来进行。语法教学应该在关注语言所能完成的交际任务的同时，使学生理解不同的语言单位在语言结构中的功能和意义。

从教学内容上讲，教师应该尽量满足学生的学习需要。满足学生学习的需要，然后根据学生的需要在现有的教学条件和资料允许的范围内，根据学生的实际能力，在教学中向他们提出学习要求。从语言功能的角度来看，这些要求要适合学生的学习需要，并和他们有一定的意义关联或者对于他们来说有一定的用途，否则，他们就没有学习的动力。

(三) 在语言教学中掌握教学方法

教师在教学中需要运用适合于各种需要的教学方法，而不是局限于一种方法，或者试图寻找一种最好的方法。套用当下的一句广告语："没有最好的，只有合适的。"一般来说，方法是无所谓优劣的，关键要看它如何运用于解决问题的具体场景。在外语语法教学中，只要教师所选择的方法有利于学生思维的激活、有利于学生主动参与课堂教学、有利于学生语言学习能力的发展，它对学生和课堂来说就是最适宜的。除此之外，学生学习的最佳环境是以学生为中心、教师和学生共同来创造教学结构的环境。

另外，无论在教学内容上，还是教学方法上，语法教学都不能只注重自身这一个层次，而是要把语法教学融入听、说、读、写的教学过程中，它们才是语法教学的真正载体。同时，语法教学也应该尽量使用可以给学生整体背景的语篇或语段，让学生有可能在一个相对来说互相之间存在联系的语境中理解语法现象的真实内涵，避免孤立地拿典型的句子做语法分析。以典型的句子作为语法分析的材料，其优点是简单、清晰、高效，学生容易理解和掌握；其缺点也正是简单，难以适应复杂、综合的现实需求。

三、语法教学出现的问题

(一) 纠错问题及避免僵硬

（1）纠错问题。从内容上讲，纠正错误，不纠正失误；从对象上讲，教师可以对学生出现的共性问题进行细致的分析和指导；而非典型的错误可以由学生之间互相倾听、互相纠正，或者学生提醒学生自我纠错。

从时间上讲，一般不要打断学生的讲话，让学生把自己的思想表达完整之后再进行纠错；对于共性的错误，教师一定要诊断和分析其错误的根源，一方面为纠正错误服务，另一方面为反思教学目标定位、选择教学方法、安排教学过程和进一步的教学提供依据和指导。

（2）避免僵硬。在语法教学中切忌教给学生死的规定。例如，在低年级教授动词过去时的时候，教师为了提高学生在这个阶段的运用正确率，会告诉学生句子中如果有 yesterday 就用一般过去时，有 tomorrow 就用一般将来时，等等。这种硬性的规则套用可能对低年级的学生来说会比较有效，但从长远来看，这样的规则与以后将要学到的语法相矛盾。例如，如果说昨天一直在做某事，与 yesterday 连用的就应该是过去进行时；tomorrow 也可以与过去将来时或将来进行时连用。硬性的规则套用会使学生养成不假思索地套用公式，而不是在具体的语言环境和上下文中理解时态真正含义的基础上正确运用动词的时态，从而导致语言学习的僵化，不利于其进一步的学习。这就要求教师不仅要在教材的水平上理解语法，还应该从整体上系统地认识语法规则、结构、意义、范畴。

（二）全面掌握语法教学问题

教师需要对学生的语法掌握状态进行实际的考查。即使学生能够在课堂上进行口语表达，也并不代表他们已经准确、熟练地掌握了该语法现象。

教师常常发现学生口语输出流利、准确，书面语却错误百出，出现这种现象的原因与语言运用的环境有关。学生在课堂上进行英语表达时，一般已经了解了本节课教学的主要内容，同学的表达也会给他们提供一个相对固定的模式，即便自己不理解，也可以进行模仿，因而出现错误的概率并不是很大。而书面输出则更多的是一种个体行为，需要学生在理解基础上的思维参与，要求学生思维内容和表达形式的统一，其是否真正理解和掌握语法知识，通过书面的或个体性比较强的语言行为可以得到更准确的信息。这并不是说教师只有在对学生进行书面输出考查的前提下才能决定教学内容的安排，而是想强调教师不能把学生课堂中的"说"作为唯一确定教学内容和教学过程的依据，对学生的理解和掌握程度的把握要通过不同的信息渠道来实现。

从书面意义上掌握语法，还包括对语言规范的书面要求。从小学阶段开始，教师就应该有意识地注意语言的规范，尤其是标点符号的规范，因为英语中的标点符号与语法结构之间存在着密切的联系，这一点和汉语的规则是完全不同的。汉语中的标点符号与所表达的意义相关联，表达完一个完整的意思后才需要用句号，否则可以连续使用多个逗号；而英语则不同，英语中的标点符号更强调句子结构的完整而不是句子所表达的意义是否完整。

英语中可以用在表达完整结构的句子之后的标点符号一般有句号、问号、感叹号和分号。任何一个结构完整的句子（一般来说，就是指一个单句或复合句主谓齐全或者主谓宾齐全）都必须用以上所说的标点符号，否则就需要在句子之间加上连词。逗号只能表示它前面的句子是不完整的。例如，汉语中常常这样说："我是一名教师，我非常喜欢英语。"但如果翻译成英语，两个句子中间要么用句号，要么用连词连接起来，即应该说："I am a teacher.I like English very much."或者"I am a teacher, and I like English very much."标点符号在复合句中的作用尤其重要，可以比较以下几个句子：

I saw your mother yesterday.　　She was shopping with your sister.

I saw your mother yesterday ; she was shopping with your sister.

I saw your mother yesterday , and she was shopping with your sister.

I saw your mother yesterday,　who was shopping with your sister.

从含义上讲，这四个句子完全相同；但从书面形式上看，第一、二句话中的两个句子分别使用了可以表达完整结构的标点符号，因此，前后各是一个单句。第三、四句中间用的是逗号（也可以不用），表明两部分构成一个句子。因此，第三句话中加了 and, 使两个部分变成一个并列句；而第四句话则只能用 who 来连接两个句子，使后面的部分变成一个定语从句，不然这就是一个有语法错误的句子。尽管在口语中不会存在这样的问题，但在阅读和书面表达中，却是一个与书写规范和语法规范密切相关的问题。教师应该在教学过程中有意识地强调英语和汉语这一方面的不同，让学生养成良好的习惯。

四、培养语法学习的策略

学习策略是提高学习效率、发展自主学习能力的保证。英语教学要鼓励学生通过积极尝试、自我探究、自我发现和主动实践等学习方式,形成具有学生特点的英语学习的过程与方法。英语语法学习要遵循这些原则,培养学习习惯,形成有效的学习策略,要服从和服务于提高语言实践能力这一总体教学目的。

(一) 认知策略及调控策略

1. 认知策略

认知策略是指为了完成具体学习任务而采取的步骤和方法,包括学习者如何接受语言材料、存储语言材料、组织语言知识、理解语言结构(包括语法关系)、提高语言操作技能等。具体而言,其包括以下四个方面内容:

(1) 学会使用学习资源(教材和语法书)。通过对教材的预习,了解即将学习的语法项目,在课文中找到包含相关语法内容的语句或段落,主动做好预习,确保心中有数,明确听课的重点。

(2) 观察、体会并归纳语法规则。仔细观察文本中含有的语法现象,体会其在上下文中的含义,观察这一语法现象的基本形式,做出自己的归纳和总结。

(3) 通过对旧知识进行联想内化新知识。听教师讲解之后,联系以前学习过的内容对新知识进行内化,真正理解语法知识的含义和使用场合,为语言运用打好基础。

(4) 在新语境中进行模仿和演练。在理解语法现象的基础上进行语言的体验和模仿,进而形成能力,即可以在恰当场合合理运用所学的语法知识,使之为交际服务。

2. 调控策略

调控策略又称元认知策略,指学习者对自己的认知过程及结果的有效监视及控制的策略。通俗地说,调控策略就是对自己的学习活动进行反思的策略。在语法学习中,假设要学习的任务是定语从句,学生要做到以下三点:

(1) 对语法学习有明确的计划。为学习定语从句做准备,明确在自己的表达中尝试使用定语从句。积极参与定语从句的学习活动,认真观察、归纳,主动运用。

(2)自我管理、监控和评价语法学习过程。将注意力集中在定语从句的学习上,收集相关信息。找出含有定语从句的内容,利用上下文语境充分理解这一语言现象。及时复习和巩固,留心含有定语从句的段落或文章。

(3)对语法学习活动有效调控。明确自己在语法学习过程中在知识层面或操作层面遇到了哪些困难;明确自己在语法知识、理解、表达运用方面还有哪些地方需要改进;分析或向教师请教自己的问题所在并及时纠正所犯的错误。

如果学习者能够制订学习计划,选择适合自己的方法学习,每天、每周、每月反思英语课后自己的收获或取得的经验教训,总结归纳问题出现的原因,并将问题分类整理,思考如何克服改正,这种反思过程就变成了学生提高的过程,也会逐渐形成有效的语法学习策略。

(二)交际策略及资源策略

1. 交际策略

交际策略是学习者为顺利进行语言交际活动、争取更多的交际机会、维持交际及提高交际效果而采取的各种策略。在语法学习过程中,学生必须明确英语学习的最终目的是具备运用英语进行交际的能力。除了课堂上教师创造的交际机会之外,学生自己也要尽可能多地使用英语,有意识地运用所学习的语法知识,不怕犯错误,在错误中不断改进提高。经过一段时间的行动、体验、适应和矫正,学生会逐步获得有效的学习策略。

2. 资源策略

资源策略指有效利用多种媒体学习和运用英语的策略。教授新知识、新技能和新策略有多种多样的来源,学生充分利用资源是外语学习的重要策略,因为只用一本语法书来学习的时代早已成为过去。语法概念中有很多抽象的成分,死记硬背确实让人头痛,但是如果在网络上利用各种小故事、小视频来学习就会成为乐事。

书籍是学习的重要资源。各种英语阅读文章（包括课文）中含有大量的语法素材，它们有机地融合在文章内容中。通过阅读去学习语法、巩固语法，可以学得活、记得牢，比起孤零零地背语法条目要有趣、有效得多。当然，在阅读过程中要注意培养语法意识和语法敏感性，使自己具备一双敏锐的"慧眼"，灵活运用语法知识来分析理解各种语言现象，善于发现和总结规律，这样才能有助于语法知识的学习。阅读范围越广泛，题材越多样，所接触的语法现象也就越丰富。

同伴也是学习中的好资源，是一条不可忽视的重要的学习途径。因为同伴交往时的心态比较自由宽松，所以学生间有很多共同话题，他们的谈话也最能反映他们所关心、感兴趣的人、物和事。如果同伴之间可以建立学习共同体，一起确定学习目标、一起研究、一起练习，学生必定会从同伴身上收获很多知识和经验。

总之，学习策略有利于激发学生主动参与的意识，给予学生自我发展的空间与机会。重视学习策略的培养，尊重个性发展有助于学生建立并调整适合自己的各种学习策略，使学生想学、乐学，最终达到通过学习提高英语综合语言运用能力的目的。

语法学习过程中需要注意以下三点：

首先，充分利用课文提供的语言情境，引导学生关注目标语法的意义，帮助学生在上下文中充分感知、体验并探究目标语法所表达的准确意义和功能。

其次，面向全体学生，考虑学生的不同需求，尽量做到小台阶、高密度、多复现。要做到分散难点、循序渐进、示范引领、合作学习，为学生提供多种选择，给予语言支持。

最后，在总结归纳环节，教师应给学生留出更多的思考空间，使学生有时间自主探究语言规律。

第二节 词汇教学设计方法与学习策略的培养

一、词汇教学的概念与词汇教学的类别划分

(一) 词汇教学的概念

有关词汇的定义,中外诸多学者曾做过不同的论述:①学习词汇就是掌握外语单词与实物、概念、过程或品质等客观现实的关系和词与词之间的关系。这一观点是从掌握一种语言的词汇体系出发,强调掌握词义的重要性。②词汇教学分为集中词的形式、集中词的意义、通过联系扩大词汇量、轮回复习已学的词汇四个方面。这一观点是从词汇的教学过程出发,提出词汇教学应该包括的内容。

尽管以上对词汇教学的论述有些不同,但都突出了一点:词汇教学应该形、义兼顾,并突出词义的教学。可见,对词汇的形、义的教学是英语词汇教学中的重点,这为我国英语教师进行英语词汇教学提供了参考。

教师应该结合我国的具体情况,在词汇教学中加上另一项内容,即教给学生学习词汇的方法。教师在词汇教学中的主要作用是通过各种展示手段和各个教学环节培养学生独立学习词汇的能力。可见,对于多数研究者来说,懂得一个词不仅指拥有一个词的各类知识,而且包括运用该词的能力:形式、词义、语法行为、与其他词的搭配、使用频率、语体风格与语域限制。而运用单词的能力主要指接受能力与产出能力。换句话说,词汇能力应该包括词形、所处位置、语用功能、语义等方面的能力。

(二) 词汇教学的类别划分

依据教学目的,英语词汇教学一般可分为直接词汇教学和间接词汇教

学两种。直接词汇教学指的是以词汇学习为直接的词汇教学或练习活动，如练习、词汇游戏等；间接词汇教学的直接目标则是将学生的注意力置于其他学习内容上，如在阅读或听力学习中，学习者间接地习得词汇。

与两种词汇教学类型相对应的是两类词汇学习：直接词汇学习和间接词汇学习。相比之下，直接词汇学习的时间远远少于间接词汇学习的时间，为此，教师应提供比直接词汇学习多得多的间接词汇学习的机会，多创设情境，让学生在间接学习中掌握词汇。

当然，词汇教学所谓直接与间接只是相对而言，从最直接到最间接又大致可以分为四类。

第一，将词汇学习直接作为教学内容与目标，如在正式课文学习前的词汇教学。这类教学往往在小学低年级段教学中最为常见，因为这个时段英语学习主要是语音、词汇等语言砖块式学习，单纯以词汇学习为目标的教学较为常见。

第二，在教学过程中遇到生词做解释，这是最为普遍的方法。例如，在阅读中遇到陌生词汇，教师就可能停下来给予适当的解释或让学生查词典了解词义，传统阅读教学采用这种做法。虽然教学理论一般并不赞成这样的教法，但许多教师在教学中仍会大量地采用。例如，教师会提示学生注意某一词汇的学习而不是给予情境性的解释。他们可能会解释某个词汇的构词特征或语法问题，以帮助学生学习其他词汇。当教师选择教学某一词汇的时候，他们往往考虑的是这一词汇的使用频率和用处。

第三，在开展其他语言教学中进行词汇教学。例如，阅读教学前的词汇教学，开展某话题，讨论前几日的词汇学习；听力教学前的词汇教学也属于这一类。通过这些准备词汇的活动，学生熟悉了主题词汇，可为进一步的教学活动顺利开展铺垫必要的语言基础。还有一种情况也属于此类词汇教学，像阅读或听力教学后的一些练习活动，如"根据课文，发现词汇的意义"便是一例。这几类情形的词汇学习都是结合其他语言教学活动开展的。

第四，课内或课外专门的词汇学习活动，如拼写的学习、词典的使用、猜测词义、生词表的学习等。

二、词汇教学中的难点与解决方法

(一) 词汇教学中的难点

1. 词类的复杂性

尽管只有八大词类 (noun, pronoun, verb, adjective, adverb, preposition, conj- unction, determiner)，但有许多词同时属于不同的词类。例如，like 既可以是动词，又可以是介词；read 除了做动词外，还可以做名词，如：Can I have a read of your magazine?（我能不能看一看你的杂志？）这八大词类又可以粗分为两大类，即语法词或功能词（grammatical words or functional words）和实义词（content words）。功能词包括 prepositions, conjunctions, determiners 和 pronouns，实义词包括 nouns, verbs, adjectives 和 adverbs。传统的观点认为，语法词属于语法教学的范围，而实义词则属于词汇教学的范围；但近来的研究认为，这两者之间的划分是较为模糊的。

2. 音、形的不一致

英语是一种拼音文字，但在历史的发展过程中由于受到多种语言因素的影响，许多词的拼法和读法并不一致。同一个字母 a 出现在不同的单词中就有八个不同的发音，即 above, want, wall, date, map, fast, many 和 comrade。此外，一种发音也可代表不同的字母组合，如元音 /i:/ 代表了十二种不同的拼法，即 be, meet, mete, sea, daemon, people, phoenix, receive, key, quay, believe 和 machine。再有同音异形、异音同形、词形相似或读音相似词，如 buy—by, know—no, hole—whole, piece—peace, meet—meat, hour—our, plain—plan；present/'preznt/n.（礼 物）—present/pri'zent/v.（赠送），perfect/'pə: fikt/a.（完美 的）—perfect/pə'fekt/v.（完善）；house—horse, light—night, sheep—ship, say—see, plane—plan 和 adopt—adapt 等。音、形不一的情况还表现在许多单词中有些字母不发音，如 foreign, listen, headache, climbing, bored, honest, cupboard 和 muscle 等。这种音、形不一致等情况给学生学习和记忆单词带来了麻烦。

3. 一词多义及词组搭配繁多

以常用词 make 为例，make 作及物动词的词义有 21 条，作不及物动词的词义有 5 条，作名词的词义有 5 条，与其他词构成的词组搭配有 37 条。其中个别词组又有多条词义，如 make up 的词义有 12 条之多：弥补、补偿、补足；配制、包装；编排、编辑；虚构、捏造；缝制；组成；调停、和解；结算、整理；化妆；加燃料使炉火不熄；缔结、安排；洗牌。类似这样的单词每个所具有的词义可达 100 多种，无疑给学习者造成了一定的难度。

4. 推断词义的能力弱

阅读或听力学习中，学生碰到生词时一般会产生畏难情绪，对整篇文章丧失阅读或听力兴趣，这说明学生在阅读或听的过程中推断词义的能力较弱。

到了大学阶段，如果教师不及时培养学生推断词义的能力，那么随着阅读篇幅的增大和程度的加深，这种情况会进一步加剧。学生推断词义能力的薄弱与教师平时阅读或听力教学中脱离语境孤立教学词汇、不注意培养学生根据上下文或构词法推测词义的教学本身有密切的关系。另外，如果教师在平时的阅读练习中减少学生推断词义的机会，遇到生词，教师往往事先在文章中标明词义，或是让学生查词典了解词义，这都可能减少学生推断词义的锻炼机会。

5. 词汇的运用能力差

除了直接词汇学习外，听、说、读、写都是间接学习词汇的好途径。例如，听力教学可以培养学生根据上下文推测词义的能力，口语教学也能丰富和扩大学生的词汇量，阅读活动更是丰富学生词汇的主要途径。但是，学生写作中讨论如何写和写什么的时候，英语的口头表达能力较好，一落到笔头表达上，词汇拼写、搭配、时态、语态等方面就错漏百出。这种情况既可能与平时教学有意识地培养不够充分有关，也可能与学生语法掌握不牢固、对写作要求不理解有关。

(二) 词汇教学的解决方法

1. 在教学中对学生的学习能力进行引导

在教学中注意引导学生根据词汇主题、语音规则举一反三，多侧面理解和掌握词汇的学习能力。因为大学生已经积累了一定的词汇量，为在归纳中发现英语词汇的相关特征奠定量的基础，但是由于他们自主归纳和发现词汇规则的意识与能力都比较弱，还不能对词汇进行系统梳理与归纳。因此，在教学中可尽量引导学生对已有词汇进行梳理，对词汇进行归类，逐步形成学生对词汇学习的规律性认识。

2. 在阅读教学和听力教学中对词汇学习的重心进行明确

在大学阶段，阅读和听力教学的成分逐步加大，如何引导学生克服阅读或听力学习中畏惧陌生词汇的心理，并让学生能够大胆根据上下文语义线索、图片、词汇特征及已有经验推测词义，便成为这类学习中的基本处理方式。

3. 通过写作巩固词汇

写作最有利于学生巩固已学词汇，学习写作也是巩固词汇和灵活运用词汇的基本方式之一。为此，在写作教学中，教师可依据写作主题，先激活相关的词汇，然后将之组词成句，组句成段，组段成篇，长此以往，许多词汇就逐步掌握牢固、不容易遗忘了。

4. 查阅词典能力的培养

随着词汇量的逐渐扩大，教会学生正确查阅词典的技能也是一项重要的内容。当联系上下文不能猜出词汇的意思的时候，就需要借助词典进行词汇的学习。根据学生的实际情况，查阅词典的训练分为如下步骤：先学会用电子词典查阅词汇，教会学生使用金山词霸直接拖动鼠标查看单词的意思；或者利用好易通等电子词典，通过输入单词直接查找单词的意思；再学会利用词典查阅单词的正确读音、能理解的固定搭配等，在学会一个单词的过程中，了解更多的单词和词组。

除此之外，可逐步增加课外英文阅读，让学生在阅读中拓展式积累词汇；也可以举办各类英语词汇积累竞赛和英语节活动，有意识地激发学生积累词汇的积极性。

第五章 英语技能的教学方法与策略培养

在语言技能的教学方法及学习策略的培养中,应对听力教学和学习过程存在的主要问题进行分析,并进一步在英语的听力教学策略中加强策略的培养,注重策略的传授原则。实施阅读教学与写作教学的重要性,并对现状进行分析。本章重点对听力学习障碍及听力策略、口语教学的原则与新方法、阅读教学设计与学习策略培养、英语写作教学设计四个方面进行解读。

第一节 听力学习障碍及听力策略

一、听力教学的重要性

听与说相比,人们将听看作一种被动行为。对方说什么、怎么说,听者都没有决定权,处于被动地位。现在的认识是,听虽有被动的一面,但是想听什么,听多少,则是一种有目的的主动行为、一种积极的心理语言活动过程、一种主动型技能。听和理解的结合,也是依照所有的知识、通过听的素养、从音流中获得信息并快速做出反应的一种思维活动。基于听的这种行动性质,其重要性和育人功能主要有以下三个方面:

(1)听是读、写、唱和对话的前提。掌握一种语言,首先是要听懂。学生学会说英语的前提首先是听。可见,学生具有的英语交际能力是听力理解力。

(2)听是获取信息的桥梁。在信息社会,随着社会的不断发展,广电、二维码、录音、DVD等电子媒体广泛使用，听的素养变得越来越重要。具有好听力，才能更快、更多地获得资讯，也才能通过听拥有更多的学习途径。

（3）听是英语教学本身的需求。学生只有通过听，才能对教师讲授的知识进行理解，对同学的意见进行判断；学生通过听，掌握游戏规则；在教学中，学生通过听，认识饱满的元音，有力短促的短元音、连音、略音等语音，之后才可能掌握、运用、创新。英语教学中，听作为学生最主要的学习途径，作为提高学习能力的基础，必须引起教师足够的重视。

二、听力教学与学习过程中存在的问题

（一）听力教学过程中存在的问题

听力教学过程中存在的问题如下：

第一，听力教学的目标与要求不明确，对学生听力困难认识不清。教师只有掌握听力的教学目标与要求，掌握学生在听力中可能遇到的实际问题，切实做出实际的教学计划，制定由易到难、步步深入的教学步骤，才能做到重点突出、难点突破。但是，不少教师的听力教学目标与要求大多比较笼统，没有针对性。例如，教学目标为培养学生的听力、听懂全文、理解大意、完成任务等，虽然这样的教学目标适合放在任何一节听力课中，而在某一节听力课中却无具体的目标，没有突出重点，也没有对难点进行处理。

第二，教学环节设计不科学，活动形式单一，任务之间没有层次。有些教师没有安排学生的听前教学活动，在听的过程中其任务形式也过于单一，任务的难易程度不符合学情，以致课堂教学过程不流畅。有的教师看到学生听不懂，甚至索性将听力材料公布给学生，将听力课变成阅读课；听完之后，也没有任何延伸活动，不能有效地通过听力活动提升学生说或其他方面的技能。

第三，不少听力课局限于"放音—做题—对答案"三部曲，忽视听力策略训练。听力教学不仅要向学生提供听力实践的机会，还要加强听力策

略的训练。但是，很多教师不能有意识地通过泛听、有选择地听和精听，有针对性地帮助学生思索听的策略，更不注意寻找学生听力学习中的困难及其产生的原因，不善于对自己的教学进行监察、评估和调节，认为只要机械呆板地反复操练就能提高学生的听力水平，就可以在听力考试中取得高分。其实这种听力教学的效果并不理想，听力课气氛沉闷、单调，缺乏互动交流，事倍功半。

第四，听力教材匮乏。目前，一些学校缺少适合中国学生使用的听力教学材料。教师们如果想提高学生的听力，一般要花费大量的精力去寻找相关资料，往往不够系统与合适。这也对我国目前高校的听力教学造成了困难。

第五，班级学生人数多，听力教学时数不足。很多学校由于课时有限，基本上不安排专门的听力课，教师们只能随机地利用一些零碎时间组织学生进行听力练习，班级人数又多，教学往往很难做到因材施教。

(二)听力学习过程中存在的问题

听力学习过程中存在的问题如下：

（1）语言知识障碍。语言知识障碍主要表现在以下三个方面：①有些学生单词发音不准，特别对发音相近的词不能正确辨别；②由于教师授课的语速慢，学生形成了适应教学用语速度的习惯，碰到语速快的听力内容就不适应，尤其对一些连读、重读等语音和语调的变化不适应；③学生英语词汇量较少、不熟悉的词汇多、不熟练、一词多义等情况都有可能造成学生听力理解上的困难。

（2）母语干扰。许多学生听到语音信息后，习惯用中文逐句翻译式理解，不能够直接将语音信息转化为设定场景，不善于直接用英语思维，多了中间的转换环节，影响了听力反应速度和记忆效果。

（3）文化背景缺失。语言学习是文化的载体，学习英语的学生必须具备一定的外国文化知识，还需了解和熟悉这些国家的生活习惯、历史背景、乡土人情及生活方式。现实中，不少学生缺乏文化知识作为背景，听力理解存在一定的困难。

(4) 心理因素。当人的情绪处于焦虑不安时，就会产生害怕的心理，从而使原来可以听懂的内容也大打折扣。

三、英语听力教学的策略

(一) 加强背景知识

学习英语者不仅要学习英语这门语言，也要学习西方国家的风土人情、人文文化、思维方式等，而这就需要加强对西方社会的背景了解。这无法从单纯学习语言上来获取，要通过课本外的知识或者亲身体验才能得到丰富的背景知识。这种背景知识的获取有利于增强信息库的提取，从而使自己的听说读水平得到提高。

例如，《新视野大学英语听说教程》(以下简称《听说教程》) 第三册第四单元 "Symbols of America"，在教师用书的 "focus for listening" 中首先指出了 "The United States of America is a young, diverse country whose culture, people and wealth have exerted a big influence on the whole world. Symbols of America will guide you through a journey of exciting discovery of this country: its art, culture, and more." 通过读写教程对本单元的学习，学生对美国文化中的自由女神像、芭比娃娃、《美国哥特人》、野牛镍币和山姆大叔有了一定的了解。这样很有利于学生做短对话和长对话的练习。

W: In the painting, American Gothic, a farmer is holding a weapon. Why? Is he going to war?

M: No! That's not a weapon! He's holding a tool for doing farm work.

Q: What mistake did the woman make?

只要认真学习了读写教程的第四单元，就能选出正确答案 "C. She thought the farmer in the painting was holding a weapon." 对美国文化的了解，也有利于后面两个关于自由女神和《美国哥特人》的听力练习。

听力能力的提高不仅涉及语音、语法、词汇等一系列语言知识方面的因素，还涉及一个非常重要的非语言知识方面的因素，即听者应尽量积累、提取并具备丰厚的语言文化背景知识。具备一定文化背景知识，对所听的对话和短文材料会有熟悉感，理解就会更深刻一些，甚至能弥补语言基础上的不足。因此，在教学过程中，教师应在潜移默化中让学生逐步了解，一个社会的语言是该社会文化的一个方面，语言和文化是部分和整体的关系。

(二) 预读听力材料

在听力教学上，很多学生都侧重于先认真听听力材料中的个别单词或重点词汇，进而达到对理解整篇课文。可是这种做法是非常片面的，无法从整个文章的认知角度去辨别选项，有时甚至会导致主题跑偏。所以与此相反的，应该采取先掌握整篇文章、再把握个别单词的听力做法，自上而下。因此，在听力开始之前，先预读听力材料、听力选项、听力提问等，然后随之做出可能出现的答案。就像是《听说教程》中所提倡的那样，先给出一篇听力文章的有关内容让学生们自主讨论，对可能出现的选项做出预判，而这可以使学生的听力效率大大提高。

(三) 预测与判断

在做听力之前要进行预测的方法，对于学生的听力成绩有着一定的影响。而这种方法也可以分为听前预测和边听边预测。这两种方法的区别主要在于，做听力时能否正确把握住文章的主题，从而做出效率更加高的预测。听前预测是指，在开始做听力之前针对选项和提出的问题，对整篇文章进行大致的了解，从而判断出各个选项之间的联系，然后对正确的选项加以判断；而边听边预测就是在听力的播放过程中，抓住很多关键词并加以梳理。

针对选项的联系对有可能选的选项加以判断，这种判断方法需要学习者有灵活的头脑，反应要快速，对材料内容的背景知识要十分熟悉。这样可以在短期内迅速提取大脑中所储存的知识，从而做出正确率较高的判断。学生们在对听力进行预测时，同时激发了学习兴趣，这是一种富有挑战性的学习任务，有助于学生了解并提高学习效率。所以在听力课上，教师要积极鼓励这种预测的听力方法，并及时对他们的预测做出有效的评论，指引他们如何能在短时间内快速做出预测。而在如今的考试当中，有些学生并没有真正地理解整篇文章的含义，单凭抓住了个别单词，从而听力成绩也非常高，这就是进行合理推测所带来的成果。教师要鼓励学生将自己的知识库放在的实际语言环境中去运用，从而进行推测和猜想，并且要在关键的地方加以标注，使在大脑无法及时反映的情况下也能做两手准备。

（四）交流听力

听力的作用不仅体现在考试之中，在日常交流中，听力对于交流也起到了很大的作用，只有充分了解了对方所要叙述的内容，才可以及时做出反应。而这种互动听力也在第二语言课堂中发挥着重要的作用，也是未来的听力教学中必不可少的成分。所以，目前的学校应该致力于将这种互动听力积极运用到课堂中去，通过互动交流听力的过程，进而加强对语篇能力的掌握，实现学生的社会交流能力能力的提高。

1.听力的分析过程

（1）掌握整篇文章的大致内容。教师要鼓励学生对同一篇文章产生一种或者几种对立的观点。

（2）掌握重点词汇，抓住细节。当完成听力理解之后，先让学生进行交流讨论，在学习小组中辩论自己的答案，以充分的观点论证自己所听到的内容是正确的。但是先不要公布正确答案，要通过这种辩论活动来使他们的观点得到证明。

（3）学生与听力和教师的思想过程达到统一。这就意味着教师要和学生在听力材料的内容理解方面达到一致，而在未公布答案的情况下，先再次播放听力材料，使学生和听力材料产生二次反应。可以随时终止、重放或者释义听力过程，直到他们对这个题的选项得到了共同的正确选项之后再继续。教师也要在这个过程中加以必要的说明。

2.语言实际应用的加强

语言的输入与输出过程必须相互结合，不仅要在学生充分了解语言的实质之后做出有效的反馈，而且要注重语言在实际应用中的作用，使教师所授予的东西及时得以实践，让学生熟练掌握。实际运用是学习内容的一种重要方法。学习外语本就是为了理解语言的本质，从而在生活中得以发挥。这就要求学校或教师提供一个可以进行英语交流的环境，进行语言输出。例如，可以举行一些适当的课外活动、英语舞台剧、角色扮演或是辩论等，使学生们在活动中将学到的知识加之运用，调动学生的积极性，激发他们学习的兴趣，在一种欢快的课堂氛围下既使学生们的学习能动性得以发展，又提高学生学习的效率水平。

在高校教学改革之中，学生的英语听说读写能力也是重点关注的话题之一。在教学方面，不仅要重视学生的输入学习过程，也要发展学生的输出过程，让充分的知识得以运用。采取针对性的训练计划，促进听力学习，培养学生的自主学习能力，端正学生的学习态度。而这就要将英语学习的各个部分相互结合，在课程教学中培养学生能够灵活使用语言交流，提高学生的听力能力与交际水平。也要发展学生在学习中采用自主学习的策略，从而更加有针对性地提高学习水平。

第二节　口语教学的原则与新方法

一、口语教学原则

为了更好地完成口语能力教学目标，口语能力教学必须遵循相关的原则，以达到最佳的教学效果。从具体的实践看，在口语能力教学过程中应遵循以下七种教学原则。

（一）传授口语的策略

为了使学生所学得到更好的运用，教师应该向学生传授口语的策略，进而帮助他们扩展自己的知识面，增强使用英语的信心。首先，要教会学生使用最小反应用语。最小反应用语是在谈话过程中当别人讲话时使用的表示理解、赞成、疑问及其他反应的习惯性表达方法，如 That's fine, Really, Right 等。学会使用这些固定的表达方法，学生可以把注意力集中到谈话的内容上，而不用专门拿出时间计划自己的反应。英语水平低或者对自己的口语能力缺乏信心的学习者在口语交际的过程中，在听别人讲话时往往保持沉默，帮助这类学生学会一些最小反应用语可以激发他们参与交际的积极性，既让学生避免了交谈时的尴尬，也让学生体验到一点成功的喜悦，增加学生的学习兴趣和积极性。

（二）循序渐进的原则

学习语言是一个循序渐进的过程，不能一蹴而就，学习英语也是同样的道理。教师要遵循这一规律，针对学生的不同情况，摸索行之有效的教学方法。要引导学生从基础入手，从简单的对话起步，从背诵课文开始，在打好基础的前提下，逐渐自由地运用英语进行交流。

在教学过程中，要捕捉学生发音和语法中存在的问题、口语交流中的实际困难，从而进行有针对性的引导，帮助学生解决学习中的困难。在口语训练中，教师要根据自己的经验，随时调整适当的目标，使学生不会因为目标太高而有抵触情绪，也不会因为目标太低而失去挑战的兴趣。因此，一定要掌握好度，阶梯渐进地开展口语训练。

（三）多样化原则

多样化原则是指在实际的教学过程中，教师要结合青年学生思维活跃，对新鲜事物容易产生兴趣的特性，不断创新教学手段和方法。现代科技产品多种多样，网络媒体日益发达，学校的办学条件不断改善，也为教师丰富教学手段提供了便利条件。

在口语训练中完全可以借助这些设施和媒介，采取学生喜欢的教学方法，达到寓教于乐的效果。例如，可以利用多媒体、录音机、计算机、手机等设施，让学生观看原声美剧、英语语境的综艺节目，组织学生表演英语小剧目，学唱英文歌曲等。首先通过这些灵活开放的形式引导学生开口说英语；然后提高要求，训练学生口语的流利度，强调句式、语音的规范性。

（四）兼顾课堂内外原则

英语教学中都存在重课堂、轻课外的问题。实际上，课外学习是对课堂教学非常有益的补充和延展，也更容易引起学生学习的兴趣。

课外活动在口语训练中甚至比课堂更具实效性。所以，教师不仅要重视英语的课堂教学，也应重视课外活动中的口语练习的安排。教师应该想办法为学生创造更多课外活动的机会，利用一切可以利用的资源和时间，引导学生进行口语的交流和练习；学生自己也可以在休息时间听听英文歌曲、看看英文新闻和原声电影，增加自己的英语输入。

（五）从生活出发的原则

在教师给学生布置口语任务时，要注意把口语训练和生活实际结合起来，调动起学生用英语进行交流的愿望和主观能动性。

教师要在设计教学方式的过程中注意以下三点：①把对学生有吸引力的话题代入口语训练内容中来；②将能够用语言来作为交际交流工具为口语训练的目标；③认真思考，把有趣的主题或话题作为口语训练的内容，调动学生的积极性。

（六）交际性原则

口语互动中涉及引出话题、话轮转换、请求澄清、请求重复、获得注意、获得帮助、结束谈话等会话技巧和策略。掌握这些口语策略，能够使交际活动顺利进行并取得预期的交际目的。

对第二语言学习者来说，这些策略能力的获得是需要经过学习和练习的，也是课堂教学中容易被教师所忽视的，因此有必要在课堂教学中培养学生这方面的策略。

（七）互动性原则

学习语言的目的就是便于人与人之间的交流和互动，因此在口语训练中更要体现这一原则和终极目标。在口语训练中真正"动"起来,才能收到好的成效。教师要有意识地为学生多创造"动"起来的机会,采用同学间、小组间、师生间的讨论、对话,甚至是辩论、小品等活泼有趣的方式来引导学生大胆开口用英语进行交流。通过这些活动,学生能够获得来自同伴的反馈。组织小组活动要注意的问题:将任务布置清楚,通过各种形式让学生清楚任务要求;限定完成任务的时间;给出明确的指导,告诉学生活动结束后预期的结果。

二、口语教学的新方法

(一)先听后说法和展示法

语言学习的过程中,听和说是缺一不可的教学手段,先听后说是比较合理有效的教学步骤。听是前提,说是结果,越过听的阶段只训练说并不能真正提高口语水平。这是因为学生听英语的过程,实际上是积累词汇、模仿语气、掌握句式的过程,只有储备了足够多的词汇,掌握了正确的构词方式,才能自然而然地顺利输出成口语。所以,"听"是一个必不可少的环节,是一个基础性的手段,因此,教师要按照先听后说的规律,合理安排教学进程。

展示法的操作和实施必须注意两个问题:展示的方式和展示的原则。就展示的方式而言,若按对材料的使用不同,展示可分演绎展示和归纳展示;若按展示主体的不同,展示可分为教师展示和学生展示;若按展示所用的材料不同,则可分为多媒体辅助展示和无辅助展示。展示的方式很多,而要想保证展示的效果,则需要遵循以下三个原则:①简易原则;②经济原则;③效果原则。

(二)交际教学法

英语口语能力教学中常用的交际活动有以下两种:
1. 创设学习情景

由于学习本身就是一种真实情境的体验,因此学习的场景应是生动的、具体的。因此，英语口语课堂教学中需要创设真实自然的生活情景和社会情景，将抽象的语言教学转变为情境化、形象化、具体化的教学，营造出轻松愉快的课堂氛围，激发学生的学习兴趣，使学生敢于开口。实践证明，课堂中真实的语言情境不仅能提升学生口头表达的欲望，还能加快学生提升口语表达的能力，进而提高学生的口语水平。课堂教学中，教师首先要借助表情、动作、实物、声调、情感描述等创设真实的语言情景，然后选择贴近学生日常生活的语言材料，让学生结合自己的真实经历发表观点、讲述事件等，进而使学生容易接受，愿意积极地学习。课堂教学中最常使用的创设情境法有配音和角色表演两种。

配音对学生来说是一个有趣的活动。这种方法不仅能激发学生的积极性，使学生参与其中，还能使学生在不同的情境下正确控制语音语调，锻炼英语表达能力。在具体操作中，教师可以将视频材料中原来的声音消除，让学生根据画面场景自由发挥想象进行配音；也可让学生先听一遍原声对白，并讲解语言中的难点，然后播放两遍给学生听，让学生能尽量背诵相关的台词，让学生对画面场景进行配音。

从教学实践中总结出，口语教学中的一个重要手段就是角色表演，而对这种口语训练方式，学生通常比较愿意参与，大多数学生都能接受。学生通过角色表演，虚拟一个语言情景，共同完成一个情节的推进，在此过程中利用有趣的交流提高口语对话水平。角色表演可以让学生在英语语境下扮演不同的社会角色，体验不同的生活境遇，这是很有效的练习方法和机会。学生不用再被动地、机械式地用背、看、记的方法重复课本中的内容。对于学生的剧情编排、表演彩排，教师都不用过多干预，只要给予适当的指导即可，要充分发挥学生的主观能动性。角色表演的主题可以是名著中的片段，可以是课本中的故事，也可以由学生自行编剧。演出结束后，教师可以组织学生对表演进行点评，鼓励他们发表自己的意见和建议，并且从教师的角度对学生的表演技巧、口语水平等进行综合评价。形式多样的表演活动能有效激发学生活泼好动、善于模仿的特性，增强学生的竞争意识。

2.呈现活动及解决问题

交际教学法中,呈现活动是最为简单的一种教学活动,它对一节课的成功起着重要作用。呈现活动要求教师传递出一个清晰明了的情景,学生在此情景下能够自然而然地输出语言、进行表达。需要注意的是,语言项目呈现的方式要随时间、地点、情景、内容的变化而变化,这样才能使学生身临其境,促进语言输出。呈现活动通常使用看图呈现的形式,教师利用图片、挂图、投影仪、多媒体等多种形式呈现交际情景,吸引学生注意力,然后要求学生针对呈现的情景展开叙述,锻炼学生的口头表达能力。

在口语教学和训练过程中,教师应当引导学生不断发现自身英语口语表达中存在的不足和问题,共同想办法进行解决,这就是一个通过交流发现问题和解决问题的过程。这种交流的时间地点可以是灵活多变的,教室、操场、办公室、礼堂等都可以作为交流的地点,时间可以在课堂上,也可以在课外。如果在解决问题的过程中对学生产生了有效引导,就能使他们主动查找学习中存在的问题,探索更适合自己的学习方式,真正愿意成为一名知识探究者。

(三)互动教学法

口语"教"和"学"的效果之所以不突出,其主要原因在于教师不能很好地调动学生口头表达的积极性。学生不愿意表达的原因主要有两点:①学生存在较大的心理压力,害怕在教师和同学面前出错;②学生的词汇量贫乏,这是造成学生害怕出错的一个重要原因。

要想使学生克服口语交流中的畏难情绪,就必须从根本上采取措施,就是要实施互动教学法。这种教学方法可以有效提高学生的词汇储备量,掌握灵活使用词汇的方法。

互动教学法以其显著的特点在口语教学中被广泛运用。这些特点包括:能够有效提高学生学习口语的兴趣和积极性,改善"哑巴英语"的被动情况;学生在学习过程中能够体会到以自我为中心;能够使课堂时间更高效地被利用,从而提高学生的口语交流水平。

教师要想在口语教学中利用好互动教学的作用,取得预期的效果,就要对三个阶段的工作做好充分的准备。首先，认真详细的备课环节是必不可少的，课堂中与学生相关的会话资料，包括一些口语练习中可能会用到的词汇都应该提前分发给学生，让其有时间进行预习和准备；开始讲课前，教师可以先将本节课所要涉及的会话情景做一简要介绍，鼓励学生针对这种情景思考可以使用的词汇和短语，避免实际教学中学生因词汇量少、表达素材缺乏、课程目标不明确而失去口语交流的积极性。其次，教师将可能用到的词汇和短语呈现在黑板上或者PPT上，通过简单的互动检测学生的掌握情况，以此了解学生的课外练习情况，这样不仅为学生提供了表现的机会，调动了学生的积极性，还可以通过反复的巩固、使用提高学生的口语水平。最后，课堂教学完毕以后，教师可以布置一些特定的话题或情景，让学生在课后进行口语练习。

需要注意的是，布置的话题或情景要与课堂内容相关，这样才能帮助学生巩固课堂上学到的表达方式。

第三节　阅读教学设计与学习策略培养

一、阅读教学的重要性

（一）阅读教学的主要目的

日常生活中，读者会接触到不同类型的读物，他们在阅读时需要对阅读目的做选择。阅读主要有三种目的：①为生存或生活而阅读，如阅读地图、说明书、标签、菜单、电话簿等，主要为了找路、了解产品使用方法、选择饭菜、找电话号码等。②为学习或获取信息而阅读，如阅读报纸、杂志、教材等，这种阅读主要是为了了解一些信息，如最近有什么新闻、最新发展状况等。③为了消遣娱乐而阅读，如阅读小说、故事、诗歌等。读者在阅读这些作品的时候，主要是为了欣赏作品，从阅读中获得享受。

和上面谈到的三类有所不同,也有人将阅读目的分为两类:①阅读是为了学习而读;②为了娱乐而读。为学习而阅读不太能激发读者的阅读兴趣,阅读过程牵涉不断地回读、理解和记忆,读者在阅读过程中可能会因为要完成学习任务而无法感受到阅读的乐趣;而休闲阅读则能够让读者更多地关注内容和情节,读得更投入,也能获得更多的乐趣。

将母语阅读目的分为三类:①为获得乐趣而读,也称为自由阅读,没有具体目的;②为获得信息或学习一些知识而读,如通过阅读学习地理、历史或生物知识等;③为理解文章而读,如要读懂文章细节,与主题相关的词汇、语法等。

那么,外语阅读目的和母语阅读目的有什么不同之处?中国学生阅读英语的目的有三大类:①为提高英语水平而阅读,如扩大词汇量、提高英语水平;②为获取信息/知识而阅读,如了解西方文化、增长知识;③为功利性目的而读,如为了提高考试成绩、出国、找到好工作等。两者相比,母语阅读和外语阅读的共同目的是"获取信息";不同的是,外语阅读的学习性质更为明显,读者阅读英语更多的是为了学习这门语言,或者为了去英语国家留学或去外企工作等。

(二)阅读理解的分类

根据读者选择的不同阅读材料,通常把不同的阅读理解类型分为以下四类:

(1)字面意义的理解:目的是理解、记忆或回忆文章中所要表述的信息。

(2)推理性理解:运用读者的信息,即理解言外之意。

(3)评论或评价性理解:目的是把文章中的信息或作者观点等与读者本人知识和价值观念做比较,对文章做出评价。

(4)欣赏性阅读:目的是从文章中得到感情或其他方面的共鸣。

阅读理解类型的划分对阅读教学有借鉴意义,教师可以根据不同类型对学生的阅读进行训练。

阅读目的不同，阅读的过程也会不同。例如，有的人在读小说、看报纸、阅读说明书的时候处于接受性阅读，主要是获取信息，并不过多思考；有的人则是读一读便停下来思考，看前后的观点是否一致，这种属于反思型阅读；有时候，人们只是想在大体上了解文本的信息，那么他们可能只看标题、开头句或开始段落等，这属于浏览性阅读；还有的时候，人们希望快速发现具体的信息，如时刻表上的相关信息等，这种属于扫描性阅读；再有就是精读，人们有时读到好的作品，会对文本进行仔细研究以鉴赏文本中的佳句。也就是说，阅读目的不同，人们在阅读过程中所采用的策略可能也会不同，甚至在读一个材料的时候，在不同阶段会有不同的阅读目的，相应地会采用不同的阅读形式和策略。研究结果表明，以获取信息／知识为目的的外语读者在篇章处理中更多地采用宏观篇章处理策略（如预测、整合信息、推理等），而以提高英语水平为目的的外语读者则更多地采用微观篇章处理策略（如猜词、语法分析、翻译等）。

此外，阅读目的不同，人们从阅读中附带习得的词汇也不同。越是目的不明确的阅读，附带习得的词汇越少；而目的明确、任务明确、压力比较大的阅读就能让读者附带习得很多词汇。也就是说，在母语阅读中，如果阅读的目的是消遣娱乐或学习知识，那么读者的关注点在内容上，不能够通过这类阅读扩大词汇量；而当阅读的目的是学习或深度研究一篇文章时，读者可能更加关注词汇的使用，从而不自觉地对词汇进行了记忆，扩大了词汇量。不同的外语阅读目的可能会导致不同的阅读效果，以获取信息／知识为目的的外语读者在阅读测试成绩方面优于以提高英语水平为目的的读者。这种研究结论对教学的启示是，阅读不能急功近利，所谓欲速则不达，如果能回归阅读的第一目的，即获取信息，反而能够更好地提升阅读能力和阅读效果。

二、阅读教学的现状

（一）重活动，缺少阅读训练

在英语教学的初级阶段，教授往往侧重听说技能的培养而忽略了对词汇的认读和拼读,这导致了学生在初次接触一些篇幅较长的阅读材料时,一遇到单词或新句式,立即产生了畏惧感,觉得束手无策。多种多样的听说游戏层出不穷,如猜物、接力、传话、听指令做动作、合作表演等,均能很好地训练学生的表达能力和听说能力。但关于阅读方面的活动由于比较沉闷而难以开展,教师一般不开展。而且,英语的教学原则提倡少用母语,这样学生对于比较难理解的新句型只能靠猜其含义,课堂中难以得到明显的、确切的理解,大部分学生课后不会继续钻研和查阅,久而久之,本来印象就不太深刻的新句型,其确切用法和准确含义就会被遗忘。所以,即使是一个单元中的主要句型,学生也不太能够肯定它们的实际意思和用法。

(二)重视阅读结果,忽略过程指导

在阅读教学过程中,教师阅读教学的目的性不强,缺少针对性,更多注意的是阅读结果的正确性,而忽视对学生在阅读过程中的指导,这会导致学生在进行阅读时走过场,只注重阅读的结果而不能完全理解阅读的材料,不懂阅读方法的运用,没有阅读习惯的养成。长此以往,学生的阅读效率就会下降,同时也直接影响学生的阅读兴趣,进而影响学生阅读能力的发展。更严重的是,教师在阅读教学中缺少有效的指导和合理的调控,更不能将阅读的人文精神有效地渗透到阅读能力的训练中,导致学生用英语的思维方式考虑问题的能力较弱,这些都直接影响着学生阅读能力的发展。

(三)局限于教材,缺乏拓展,方法单一

大部分教师的阅读教学只局限于教材中的内容,局限于课堂上短短的几十分钟,慢慢地,学生的视野就会越来越狭窄,其他的阅读能力也随之受到制约。所以,在开展阅读教学的过程中,教师应尝试将一些学生喜欢的课外内容适时适度地引入课堂教学当中,丰富学生的知识,开阔学生的视野,为学生提供更加广阔的发展空间。

除此以外,教师还应将课堂教学巧妙地引入学生的生活中,如根据课堂教学内容在合适的机会为学生提供能补充课堂教学内容、难易适度的阅读材料,满足学生的需求。例如,可以在圣诞、元旦、父亲节等特殊的日子让学生写一封信,这不但可以对课堂教学给予有力的补充,同时还可以培养学生用英语思维的习惯、阅读的再创造力和阅读的迁移力,更有意义的是,它可以巩固、扩充学生的词汇量,培养学生的语感。

把阅读教学当成一般课文教学,如讲解生词、补充词组、罗列搭配、逐句逐段分析、不厌其烦分析语法等,过度重视了词汇和语法教学,忽略阅读训练,或者把阅读当作课外阅读,解释生词,对对答案。如此走过场的教学非但在时间上得不到保证,扩大阅读量、提高阅读能力更成了一句空话。

三、阅读教学的创新模式

(一)自下而上阅读模式

该模式主张阅读理解是读者在理解了单个单词、短语、句子的意思后才能产生的。阅读过程就是从对最基础的字母和单词的理解开始,逐步上升到对语篇的理解。这是因为对文字的辨认(低层次)往往先于认知层面的理解(高层次),作者通过文字所表达的内容比读者能够理解的要多,读者处在一个被动的位置,因为他们一直要努力读懂文本的意思。这一模式认为读者在阅读时,眼睛是从左到右、一个字一个字读的,先理解了单个词意,再逐渐理解词组、从句、整句话的意思。

这个过程是从最小单元到意义获取的过程。因此,在实际教学中,教师往往都是先教生词和新的句型结构,然后带着学生一句一句、一段一段去阅读、讲解。而对单词准确、快速地辨认更是教师教学中的重点,即教师会在教学中训练学生看到单词就能读出并说出其意思的能力。

(二)自上而下阅读模式

该模式和自下而上阅读模式的主张正好相反,读者在阅读的过程中,不断地对将要阅读的内容进行猜测和验证猜测,在这个过程中,读者自身具备的背景知识比新单词和新句型更为重要。以下面这段英文为例，其中没有多少生词，但是，读者在理解的时候会有一定的困难，原因是读者自己在这方面没有经验。

Your enquiry about the use of the entrance area at the library for the purpose of displaying posters and leaflets about Welfare and Supplementary Benefit rights, gives rise to the question of the provenance and authoritativeness of the material to be displayed. Posters and leaflets issued by the Central Office of information, the Department of Health and Social Security and other authoritative bodies are usually displayed in libraries, but items of a disputatious or polemic kind, whilst not necessarily excluded, are considered individually.

而事实上，上面这段话的意思是："Thank you for your letter asking for permission to put up posters in the library. Before we can give you an answer we will need to see a copy of the posters to make sure they won't offend anyone."但是由于读者本身可能并没有到图书馆张贴海报的经历，即便有，本校图书馆的规定也和这里说的规定不太一样，所以当他读到前面那个正式语体的版本时，对"provenance and authoritativeness of the material"和"items a disputatious or polemic kind, whilst not necessarily excluded, are considered individually"这样的句子就不明白该如何理解了。这个例子表明，在阅读过程中，读者处在一个积极的位置，他们利用自身已经具有的知识对所读内容的意思不断进行推测，带入的信息远比文本本身要丰富得多。但是，一旦他们对所读文本涉及的话题没有任何了解或知道的很少，那么，阅读理解就会比较困难。

当读到的一些内容中有不少生词，但因为对它的话题比较熟悉时，所以完全可以猜测出这些词的意思，从而实现对所阅读内容的理解。阅读就是一种基于心理语言学的猜谜游戏。在实际教学中，该模式倡导教师从激活学生对背景知识的了解入手，让学生有能力去完成这样一场猜谜游戏。

(三) 交互式阅读模式

交互式阅读模式是目前公认的对阅读过程最好的阐释，因为它结合了自下而上阅读模式和自上而下阅读模式的一些特点，使它们相互结合，更好地为阅读理解服务。该模式认为，读者的大脑接受了文字符号并对其进行意义的解读，这个过程不仅需要读者具备良好的语言功底，包括对文字和句子的理解，还要求读者具备一定的背景知识，并能够利用这些知识帮助自己解读文本的意义。

这个过程是读者和文本互动的过程，读者利用语言知识和背景知识对文本进行解读，将新信息和旧知识建立联系并构建新的知识体系。这个过程既包括对单词、句子的理解，也包括从自身经验出发对文本进行的解读。只有两者交互，读者才能更好地进行阅读理解。相比较而言，交互式阅读模式似乎更符合阅读过程的特点，虽然没有多少实证研究作为支持，但理论上讲，它似乎是阅读教学最适用的模式。

以上三种模式呈现了阅读理解过程的三种途径：①必须先懂单词的意思才能读懂意思；②没有单词的意思也可以依据经验和推测读懂大意；③前两者的结合。基于这三种途径也就有了相应的教学模式，即先教单词，或先读大意，或两者兼顾。因此，教师应该找到对阅读有阻碍且无法利用上下文和已有知识经验进行推测的单词进行预教；另一些可以推测词义的则在学生理解大意的过程中去解决，帮助学生更好地理解文本。除了这三种以阅读过程区分的教学模式以外，还有两种模式也经常看到，一种模式是基于阅读策略的教学，另一种模式是基于阅读内容的教学。这两种模式是以教学侧重点来区分的。

(四) 基于阅读策略的教学模式

顾名思义，基于阅读策略的教学注重的是阅读策略的训练，教师会教给学生如何根据所读文章选择恰当的阅读策略帮助自己理解，如预测、提问、推断、总结、记笔记等的技巧。之所以要从策略训练入手，也是源于人们对思维的认识。当人们面对问题时，会通过确定目标、监控过程、分析证据等策略推理出解决问题的办法，并实现阅读的目的。

学生对于阅读策略在阅读过程中的重要价值、意义和作用要有所了解，因此，教师需要教会学生在阅读理解遇到困难时，利用阅读策略解决难题。教师可以通过解释并示范阅读策略的使用，让学生学会选择和利用合适的阅读策略提升自己的阅读理解能力。

（五）基于阅读内容的教学模式

与基于阅读策略的教学模式不同，基于阅读内容的教学模式注重的是让学生关注所读内容，阅读理解是建立在对意义的讨论之上的。这种教学模式认为，人们对于篇章的理解是大脑对所读文字的有意义的解读，是对信息的整合。人们在阅读过程中，每遇到新的信息都会去思考这一信息和文章前面已经给出的信息是什么关系；和自己已有的背景知识之间的关系又是如何，这些信息是如何有机而连贯地联系在一起，表达一种思想或观点的。在这种教学模式中，教师会组织学生讨论，就内容、主题或某个问题进行深入的讨论，如人物性格、动机、情绪变化等。

在实际教学中，两种模式都值得教师借鉴。基于阅读策略的教学着眼点是学生终身学习能力的培养，教师如果能够成功教会学生如何根据所读内容、所遇到的阅读理解的困难来选择恰当的阅读策略帮助自己理解所读内容，那么，学生就不仅理解了一篇文章的内容，还掌握了阅读理解的工具和解决问题的思路和方法，学生在阅读新的文本时，就可以有能力解决自己遇到的问题，获得阅读的乐趣。而基于阅读内容的教学模式对教师的内在修养要求很高，教师不仅自己能够读出文本的深层次含义，还要求教师能够通过问题引发学生深入思考、层层剥开，将文本分析得透彻明了。这一模式的优势在于强调阅读的本质，注重读者与文本的互动、读者的解读和思考。这两种模式又都存在着弊端，前者容易显得机械化，读者纯粹是为策略而读，沉迷于体验和应用各种技巧对文本进行解读，使整个课堂显得没有生命力，读者没有真正"动心"去阅读、去理解、去玩味文字的内涵；而后者则过于强调在教师的引导下对文本的解读，忽略了学生自身阅读能力的培养，如果没有教师不断给出线索或追问，学生对文本的理解可能就无法到位，这样，学生离开教师后就无法独立阅读。所以，教师应该将这两种模式进行有机结合，既注重对内容的理解，也关注对阅读策略的培养，这样，不仅能让学生体会到"阅读"的过程和思考的意义，也可以教给学生阅读、思考与分析的手段。

四、英语阅读的教学策略

(一) 学生阅读速度的强化

在教学中，经常可以看到学生在阅读时用笔指着一个字一个字地读，或者不出声地去"朗读"。这些习惯都会降低学生的阅读速度，从而导致阅读理解出现障碍。而教师在教学中经常会说"Read the passage as quickly as possible"，这说明教师注意到阅读速度的重要性，但是缺乏有效的指导策略。以下四种活动能够有效提升学生的阅读速度：

(1) 阅读速度提升训练。给学生 60 秒的时间，让他们尽量多地阅读；然后再给 60 秒时间，学生需要再次从头开始读，但这次他们要尽量读得比上一个 60 秒要长。这样的训练可以进行 3~4 遍。该活动的目的是让学生能够越来越快地扫读已经读过的材料，并尽量多地阅读材料中未读过的部分。

(2) 重复阅读训练。给学生一篇短文，让学生一遍一遍地读，直到他们达到阅读速度和阅读理解的标准。可以作为努力标准的阅读速度为每分钟 200 个词，阅读理解的正确率达到 70%。

(3) 班级阅读速度训练。教师和学生共同商量出一个班级阅读速度目标。例如，如果班级目标是每分钟 250 个词，而学生将要阅读的材料是每页约 125 个词，那么全班学生应该在 30 秒之内完成一页的阅读。教师看时间，提醒同学翻页。这样可以训练学生的阅读速度。

(4) 个人阅读速度训练。这个活动和第三个活动很相似，只是这个活动针对个人。学生可以给自己定一个阅读速度的目标，学生制定好目标之后，教师每 10 分钟提醒一下，学生可以在阅读材料上标记，看读了几行，是否达到了目标。

(二) 学生语篇分析能力的提高

有一种教学模式是基于阅读内容的，教师引导学生对所读内容进行分析和讨论有不同的切入点，如果仅仅侧重对词汇、语法知识的分析，可能会让学生见木不见林，缺乏语篇意识；而如果仅仅让学生讨论所读内容的大意，就会显得过于宏观，脱离语言结构和语言的具体形式所蕴含的意义，让学生找不到分析的依据和手段，从而无法形成自己的分析能力，提升自己的阅读理解水平。近几年，不少学者提倡将语篇分析应用于英语阅读教学之中，因为语篇分析给学生提供了一种可以参照的具体方法，所以该方法可以拓宽英语阅读教学的思路。

语篇指一系列连续的话段或句子构成的语言整体，这些语段或句子之间语义连贯，但在实际分析中不必求全，而是要根据语篇的特点，在几个最突出、最具有代表性的方面进行深入分析。总的来说，语篇分析是从语篇结构出发，对语言材料进行全面的、科学的、系统的分析，理解其意义，分析其结构模式，评价其语言手段及语言的形式特点等。它以语篇为基本单位，对文章进行整体解码，围绕语篇的整体内容进行解释词句，分析人物性格和事件缘由，总结中心思想和写作技巧，同时还注重文章涉及的文化背景知识和其他相关知识。从国内学者的研究发现来看，语篇分析的方法基本可以归纳为宏观分析和微观分析两种。

1. 宏观分析

首先，要从宏观结构分析阅读材料，以把握文章主旨、体裁及语篇结构。语篇因内容、主题、文体等不同而会呈现不同的语篇结构，如：语篇三模式即总体—分述型、对照—匹配型、问题—解决型；叙述结构、论证结构和实验结构几种语篇模式；叙事体、论证体、新闻体、说明体等语篇结构。虽然结构繁多，但也不是完全无规律可循，教师可以训练学生找到各类语篇体裁的规律，指导学生把握其行文构思的独特性，使其能够更为准确地分析文章的层次，弄清内在的逻辑关系，识别作者所采用的语篇策略（如举例、对比等），更为准确地理解特定语篇的主题、含义及作者的写作意图等。

2. 微观分析

微观分析主要是对文本进行深入细致的分析，重点研究词义、语句之间的关系、句群的连贯性及句子之间的衔接手段等。微观分析要求学生必须超越词义和语法，将文章看成一个整体，围绕语篇的整体意义有目的地去分析、推理、归纳、总结文章句与句之间、段与段之间的逻辑关系，把握文章的主旨大意。衔接的手段有以下四类：照应、省略与替代、连接、词汇黏合。在对语篇进行微观分析时，可以从这四个方面去进行。照应其实是指指代关系，如人称代词、指示代词都可以形成照应关系，还有文章前后的比较照应关系。对照应关系的分析可以使篇章中出现的人物、事物间的关联更为清楚，照应关系在叙述体语篇中更为明显。省略与替代是为了避免重复、使语篇紧凑的一种手段，这一关系在对话体语篇中更为常用。连接是一种连句手段，可以通过使用添加、转折、因果、时间等的关联词实现，通常在描写体、论证体和说明体语篇中较为常见。词汇黏合主要指通过词汇重复、同义词、反义词、上义词、下义词等词汇的使用实现语篇内的语义衔接，它多见于说明体和科学体的语篇。教师可以指导学生通过对语篇的衔接与连贯进行深入分析，理清语篇各个部分的中心内容和表达方式，从而更加充分地理解阅读内容。

近年来，语篇分析的范畴还出现了多模态语篇分析这个概念，非语言模态如图像、颜色、声音等在社会交流中具备同样的功能价值，它们也直接参与意义的建构，因此应该得到重视。现代书面语篇中存在多种多模态资源，有必要在阅读教学中培养学生的多模态识读能力，而多模态识读能力就是阅读各种多模态话语的能力。书面语篇中的多模态资源除了语言文字表述之外，还包括以下非语言成分。

第一，印刷体式。具体指版面设计、间隔、缩进、字体等，这些内容都能够向读者表明语篇的组织方式，对语篇的理解有一定的帮助。

第二，图表。它是语篇中的重要组成部分。图表对文字表述是一种补充，常常对解释语篇具有很大的帮助，能让语篇意义一目了然。

第三，图像。语篇中的图像意义举足轻重。图像与文字结合起来看，会让语篇的意义更加丰满。

第四，体裁。不同的体裁有自己的特征，这些特征会帮助语篇更好地诠释其意义。

这些关于多模态的解释为教师的阅读教学提供了新的思路，即教师在阅读教学中应不仅局限于文本，还要对非文本资源进行挖掘，培养学生对这些资源的识读能力，提升对语篇进行批判性阅读的能力。

(三) 学生英语文化基础的培养

英语教学大纲明确指出语言是文化的重要载体，语言与文化密切联系。在学习英语这门学科的过程中，其基础是拥有大量的词汇量、夯实的语法知识、灵活地运用能力，而真正关键的实质则是也要充分掌握英语的文化背景知识。如果说其他的学习条件是硬件规定，那么这种语言的背景文化则为学习软实力，只有这样才可以将一个国家的语言深入渗透地理解，运用起来也更加顺畅自如。如果不了解西方的语言文化，在运用上也许会出现使用的错误，从而也许会被西方人所嘲笑。语言是文化的重要媒体，语言和文化的关系密不可分。如果不了解文化背景，就不了解中西方的文化差异，而会出现许多歧义误解。这就需要自身提高实践经验，积极实行课外拓展，不局限于课本中所涉及的教学内容。学校和教师要积极配合学生的自身发展，营造一种拥有浓郁文化气息的环境，这样可以有利于学生英语学习水平的进步，也有利于对文化的深层次了解。

第四节 英语写作教学设计

一、写作教学的重要性

(一) 对已有语言知识的巩固

在语言教学中，写作作为一个重要的输出技能占有举足轻重的地位。

写作教学可以帮助学生巩固已学过的语言知识，发展语言学习和运用的技能，最重要的一点，它是听、说、读之外的另一个重要的基本语言技能。学生通过听和读吸收信息，在写作过程中对信息进行判断、组合和升华，以书面形式输出新的信息。写作还能够检验吸收信息的效果，反映语言的表达能力和思想认识境界。

（二）对学生写作技能的提高

写作是英语学习的重点，也是一个难点。英文写作教学的核心任务是教会学生如何进行写作，加强写作技能和写作素材掌握和提炼的指导。写作教学应加强学生的主体意识和能动性，学生参与教师指导写作的全过程，实现师生之间的相互交流和信息反馈。教师在写作教学中应该给学生提供机会，让他们在实际经历写作的过程中理解到写作的意义是将意义纷乱的思想加以条理化的过程。在教室里，教师要为学生的写作提供一种支持性的环境，让学生在课堂中彼此合作，共同完成写作。教师在写作教学上不是评论家，而是帮助学生掌握写作策略、产生新思想、修正思想与编辑思想的促进者。

（三）对已有知识的重组、创造性使用和审美享受

写作是一项要求很高的、复杂的脑力劳动，是一个人各方面能力的综合体现。它不仅是一个技能性的获得过程、将已知的知识进行重组的过程，更是一个创造、发现和拓展意义的过程，它体现学生题目命定、内容构思、结构构思、文本输出等过程，是需要学生积极地调动思维和语言综合运用的过程。写作也是一项创作与审美享受的过程。

二、写作教学的现状

（一）英语教师写作教学问题

英语教师写作教学问题如下：

第一，重讲解写作技能，轻思维训练。高校教师在写作教学中向学生

灌输了大量的写作要领和技巧，但事实上，英语写作是对语言综合应用能力的考量，是英语思维能力的外在显现。对写作要领或技巧的掌握，只能让写作变得更加丰富，而不能实现语言的升华。

第二，重布置作业，轻作业批阅。高校教师通常在教学过程中注重课程的进度，重视词汇和语法规则的讲解，即使教材或教学课件中有对写作的相关要求，他们也只是蜻蜓点水一带而过，学生很难对写作产生整体而深刻的印象，但他们却布置了写作任务。

第三，重写作结果，轻写作过程。长期以来，教师一直都是以写作的成品来评判一个学生写作能力的高低。但事实上，作为语言的一种输出形式，写作的成型也是需要分三个阶段来完成的，即写前阶段、写作阶段和文章修改阶段。在实际的运行中，这三个阶段"并非呈线性排列，而是循环往复、穿插进行的"，而教师却往往将学生的写作视为单词、句子或是词组的简单堆砌。

第四，重应试教育，轻能力培养。一直以来，教师或是受高考的影响或是受四、六级考试条条框框的限制，在授课过程中受考试"指挥棒"的指令进行应试教学。所谓的写作教学，通常是向学生呈现看似完美的范文，让学生尽量模仿。久而久之，学生的语言知识僵化，写出的文章晦涩难懂或是生搬硬套，导致英语教学走上歧路。然而，写作能力的提高与培养不是一蹴而就的，而是一个日积月累、循序渐进和不断实践的过程。只有经过实践与不断反思，学习者才能用已掌握的语言知识和技能自然而又灵活地表达其所要表达的思想，而这些现状的产生又有两个方面的成因。

首先是对相关标准、要求和大纲理解的问题。无论是《大学英语课程教学要求》还是《大学英语四、六级考试大纲》，都显示了写作能力要求与阅读能力的密切关系。教师在教学中鲜有涉及阅读技巧，更少强调阅读速度，教师们对大纲中有关写作方面要求的了解情况同样模糊。

其次是对写作的认识问题。从方式上看，写和读有密切的关系；从交际方向上看，写和说也有密切的关系。因此，"写"可以促进全面的语言技能的发展。《大学英语课程教学要求》中也明确指出学生要具有写作的一般能力。但长期以来，大学英语写作的相关讨论总是停留在"兼顾"或是"综合应用"或是"全面发展"中，少有设计及具体的应对措施。无论教师还是学生都一直将写作课看作精读课、泛读课的延伸，导致教师和学生都过分重视语言方面的表层含义，而忘却了写作的真正含义。

(二) 学生写作输出现状

尽管高校在不断改革英语教学和考试，试图采取一切措施来帮助学生提高写作水平，但收效甚微，离《大学英语课程教学要求》的规定还相差甚远。学生普遍感觉在写作文时无从下手，反映出来的问题有以下三点。

1. 词汇方面

众所周知，词汇的扎实掌握和熟练运用是成功写作的基石。根据《大学英语课程教学要求》要求，推荐词掌握的词汇量应达到约4795个单词和700个词组 (含中学应掌握的词汇)，其中约2000个词汇为常用词汇，即要求学生能够在认识的基础上，在口头和书面表达两个方面熟练运用的词汇。在对四、六级考试作文的研究中，发现大学阶段学习的单词出现在阅读或选择题中，学生能很快辨析其含义；但在用书面语言表达自己观点时，却无法运用相应准确的词汇。这种现象表明，学生对大学阶段所学的大部分词汇只具有接收能力，却无发送能力，这种发送能力上的欠缺表现在写作上，就是词汇缺乏、用词不当、意思表达不清等。

2. 句子方面

一篇优美的文章，其构成的句子必然既符合语法规则、又能完整无误地表达思想。很少有使用省略、倒装、连词、非谓语动词等造句手段，通篇出现的都是主谓句式，还时常出现主谓 (人称、时态、语态) 不一致、平行结构失衡、多重修饰词排序混乱等问题的文章。

3. 语篇方面

近些年来，各出版社开发的教学课件都设计了语篇分析部分，强化了教师要进行语篇分析的概念，帮助学生提高了构思选材与谋篇布局的能力；但仍然存在着思想表达不清、文字不连贯、内容空洞、句与句之间过渡牵强等问题，而且学生思维较为混乱，造成文章逻辑关系松散，内容也显得支离破碎。此外，学生在写作时还习惯于运用汉语思维，这种思维模式写出的作文即使通顺流畅，仍然给人以"中式英语"的感觉。

这些问题大大影响了学生创造性思维和发散性思维的培养，阻碍了学生综合素质的提高。

三、写作教学的内容

高校英语写作教学的内容主要包括结构、选词、句式、拼写及符号，下面分别予以介绍。

（一）英语写作教学的结构

1. 谋篇布局

在写作之前首先要谋篇布局。谋篇布局作为写作的第一步，对写作有着至关重要的作用。所谓谋篇布局，就是根据不同的题材、体裁来确定篇章及段落的整体结构，并据此选择恰当的扩展模式，保证写作顺利地开展。就篇章结构而言，其大体结构是引段—撑段—结论段；就段落结构而言，其大体结构是主题句—扩展句—结论句。但是谋篇布局并不是固定不变的，当题材和体裁不同时，文章的谋篇布局也会随之变化。

2. 完整统一

评价一篇文章优劣的重要标准之一就是看该文章是否完整统一。所谓完整统一，是指文章中所有的细节，如事实、原因、例子等都要围绕主题陈述和展开，所有的信息都要与主题相关，而所有脱离主题的信息都要删除，以保持文章段落的完整性。如果一篇文章逻辑混乱、层次不清，那么也就不能称得上是好的文章。

3. 和谐连贯

和谐连贯对于一篇文章来讲也是非常重要的，因为它是一篇优秀文章必须具备的因素。因此，在写作过程中，学生要注意文章的连贯性和逻辑性，保证句子与句子之间紧密相连，内容之间连接流畅，段落与段落之间环环相扣，使整篇文章流畅自然，和谐统一。英语中保证文章连贯统一的重要方法就是使用恰当的连接词和过渡词语。下列是一些常见的过渡词语：

表示比较的词语：similarly, equally, important, in the same way, etc。

表示并列的词语：and, also, or, likewise, etc。

表示相反的词语：on the contrary, conversely, etc。

表示让步的词语：although, in spite of, despite, etc。

表示转折的词语：but, however, nevertheless, while, yet, etc。

表示进一步关系的词语：furthermore, moreover, what is more, besides, in addition, etc。

表示举例或解释的词语：for example, for instance, such as, in other words, that is, in fact, etc。

表示时间或步骤的词语：after, often, next, afterwards, before, finally, first, last, now, second, third, firstly, secondly, thirdly, later, later on, still, then, at that time, meanwhile, when, etc。

表示因果的词语：accordingly, as a result, consequently, as, since, so, thus, because for, for this reason, etc。

表示结果或总结的词语：therefore, as a result, and so, finally, to sum up, in conclusion, in short, in a word, etc。

表示空间和方向的词语：here, there, next to, beside, near, nearby, along, as far as, to the left (right), in front of, at the back, in the middle, under, above, etc。

(二) 选词及句式

词汇的含义有表层和深层之分，并且在不同的文化背景下，词汇有着不同的意义，因此如果对词汇了解不够深刻、不能选用恰当的词汇，将会严重影响写作的效果，所以选词也就成了英语写作教学的重要内容之一。选词通常与个人爱好有关，它是个人风格的体现，也是作者与读者之间交流的一种方式。因此，词的选择要考虑语域的因素，如褒义词与贬义词的选择、具体词与概括词的选择、正式词与非正式词的选择等。

语篇是由词和句子通过一定的组合而构成的，因此句式对于写作来讲非常关键。英语句式种类繁多，而且每一种句式又是形式多样的。掌握和运用不同的句式对于写好文章十分有利，所以句式就成了英语写作教学的重要内容。为了使学生掌握多种句式，写出更加精彩的文章，教师可采用句式练习的方式。具体来讲，教师可以采用"示范"和"讨论"的方式让学生进行练习，促使学生掌握多而正确的表达方式。

（三）拼写及符号

英语写作离不开拼写及符号，如果没有了拼写及符号，文章的逻辑结构就不能体现出来，文章就会一片混乱。因此，拼写及符号也是英语写作教学的重要内容。拼写及符号涉及的均是学生的基础知识，主要包括单词的拼写和标点符号的正确与否，这虽然属于细节问题，却对写作有着重要的影响作用。

四、英语写作的教学策略

英语的写作教学是一个多层次、多角度的概念。从语言层面上看，它涉及遣词造句的能力，又包括谋篇布局的技能；既检测了语言输入/输出的成效，又完善了思维的能力。从教学层面上看，它涉及教师、学生、教科书等众多因素。鉴于其多层次与多角度的特点，应该从以下几个方面来推动和改进写作教学。

（一）关注语言输入的量与质

"读书破万卷，下笔如有神"反映了语言输入与输出的辩证关系，揭示了阅读与写作之间由量变到质变的关系。任何作品都是其创作人大量阅读后的结晶。以写作为目的的阅读，绝非一个被动接收信息的过程，而是主动吸收和内化的过程，只有这样的输入才是真实而有效的。因而，听、说、读、写、译 5 项技能既相对独立，又息息相关；它们既是表现形式，又是外语的组成部分。在实际的教学中，切忌厚此薄彼，而应重视学生能力的提高与培养。那种只注重对课文语法点进行讲解，只处理课后词汇语法练习，完全忽略对学生语言输出能力培养的做法，既违背了语言学习的规律，又影响了学生创造性思维能力的培养。

此外，在语言输入的过程中还要关注文化因素。语言和文化是密不可分的，任何一种语言都有着它的文化背景，任何一种语言形式都反映了一定的文化内涵。学生文化知识的欠缺势必难以实现真正的交际目的。因此，教师在对学生进行有效语言输入的同时，应该帮助学生导入文化因素，这有利于学生正确理解文化现象，有利于培养学生对语言和文化的敏感性，有利于提高语言输入与输出的质量，从而避免"中国式英语"在作文中出现。

(二) 关注教师教育思想和教育观念的转变

体制改革是关键，教学改革是核心，教育思想和教育观念转变是先导。

第一，教师都应该充分认识到，大学英语课程是一门比较独特的学科。它是涉及面广、时间长的公共课，但它的作用大于个人和社会发展所产生的效益。

第二，教师都应该转变那种认为英语教学只是简单的"解释＋记忆"的观念，更新"为教而教"的照本宣科式的教学模式。

第三，教师应该认识到学生的智能、语言潜能、学习动力、认知风格、态度情况、原有的知识水平会有差别。因此，教师应鼓励不同的学生采用不同的学习方法，以教学目标为方向，促进个性发展，满足学生的需要，使学生养成良好的学习兴趣，为今后的学习、工作打下基础。

第四，教师们还应该认真学习语言学和应用语言学的理论知识，并践行在其教学过程中，再通过反思教学来转变个人陈旧的教学观念，进而实现个人的专业发展，肩负起"传道、授业、解惑"的重任，为社会培养出跨世纪的创新人才，实现教育的现代化。

(三) 关注高校英语课程设置的改革和创新

写作能力的养成的确离不开语言的日积月累和不断训练。但是，如果在这一过程中教师对写作方法和技巧进行系统的讲解，那么必将达到事半功倍的效果。因此，各高校应该以《大学英语课程教学要求》为主要依据，根据本校的实际情况，制定"以人为本""以学生为中心"的"校本主义"大纲，将综合英语类和选修课程有机结合，确保不同层次的学生在英语应用能力方面得到充分的训练和提高。

(四) 关注写作评价机制的完善

写作成品的评价应由传统的教师独自批阅的模式转变为互动和自助的评价模式。学生的自我评价有助于学生的发展和自主学习能力的培养。同时，网络的开放性、共享性、交互性、针对性和教学研究相互促进性的特点，不仅为互动和自助评价模式的建立提供了保障，更为教学观念的转变提供了可能。在互动和自助的评价体系中，教师不再是"主体"，学生成了名副其实的"主角"；教师不再止步于传统批改中的"评"，"改"成为批阅的最终目标，更新了评价的目标，更有利于知识的迁移，有利于"成品"的出新，大大激发了学生的写作热情，从而促进学生写作能力的提高。

写作能力的培养是一个动态的、循环的、需要不断实践与反思的过程，而其中的每一环节都是对英语教学的成效及学生综合应用能力实际水准的真实反映。只有在应用语言学和语言教学的理论基础上，正确认识《大学英语课程教学要求》，科学定位教学目标，合理处理各项语言技能之间的关系，关注其中的每一个影响因素，践行其动态循环系统，才能彻底改变写作教学的封闭状态，使得英语写作教学真正帮助学生培养起语言的综合应用能力。

第六章　MOOC资源在我国大学英语教学中的应用研究

当今世界，网络信息技术日益发达，对MOOC（massive open online courses）的研究和实践已席卷全球教育领域。MOOC网络平台教学模式应运而生，如何制作优质MOOC、促进MOOC资源共享，已成为众多高校关注与研究的热点。大规模、开放式、免费的网络公开课打破了学习者时间和地域的限制，实现了教学模式上突破性的变革。面对着MOOC所带来的机遇和挑战，我国高校应鼓励教师积极开发精品MOOC课程，充分发挥学生学习的主体作用，实现各高校优质大学英语教育资源的共建共享，以切实提高大学英语教学质量。本章重点解析我国英语教学中MOOC资源的应用、MOOC资源对英语教学的促进作用、英语教学中MOOC资源的开发与应用策略。

第一节　我国英语教学中MOOC资源的应用

一、MOOC资源在我国大学英语教学中的兴起

（一）MOOC资源在我国大学英语教学中正在兴起

自MOOC风暴席卷全球教育领域以来，传统课堂教学与MOOC平台网络教学的有机结合已成为信息时代全新的大学英语教育方式的要求。与MOOC资源在其他学科的应用发展相比，大学英语教学与MOOC教学模

式的融合刚刚起步，关于MOOC资源应用于我国大学英语教学中的研究少之又少。

2014年6月13日，"MOOC时代大学英语教学与教师发展学术报告会暨大学英语部2014人才培养工作会"在北京交通大学举办。此次会议主要研讨MOOC及翻转课堂在大学英语教学中的应用情况改革和优质教育资源中的应用，深化大学英语在人才培养方面的积极意义。会议邀请北京大学数字化学习研究中心主任、北大教育学院博士生导师汪琼教授及《外语电化教学》编辑部的胡加圣副主任做专题报告。会议介绍了MOOC这种融合了多种教育技术的新型教学模式，并且分析了MOOC对于大学英语教学模式的冲击与影响。80多位来自北京多所高校的大学英语部教师参加会议进行学习及研讨，积极探索将MOOC的组织形式、技术手段与大学英语教学有机结合的新模式。

2014年9月26日，在山东省鲁东大学隆重召开了"MOOC时代的高等外语教学——教学模式与课程创新学术研讨会"，来自全国各地的近200位专家、学者及外语教育技术研究人员参加了研讨会，着重探讨MOOC、翻转课堂、混合教学及大数据外语学习分析等。通过交流与探讨，与会者在MOOC教育资源与大学英语教学的融合研究方面达成了共识。本次研讨会是我国外语界首次以MOOC为主题所召开的专题会议，通过对课程新模式的研讨，旨在进一步推进我国高校大学英语教学模式的创新及对复合型专业人才的培养。MOOC化的大学英语课程理念在我国大学外语界具有重要的意义。

2016年1月16日，第三届北京大学教育信息化创新论坛在北京大学成功举办，来自高校的近200位教育专家参与了此次论坛会议。其中，"批改网"就如何利用大数据及MOOC助力大学英语写作教学进行了探讨。

MOOC时代，我国大学英语课程建设已经开始积极寻求改革途径，突破传统大学英语教学模式的束缚，依托现代教育的新技术，开始MOOC资源的开发应用及其相关问题的研究。

我国大学英语教学应用MOOC资源，能够有效促进大学英语教师拓宽知识面、深化专业理论、提高信息技术素养，推动大学英语教师角色多元化、专业化发展。众所周知，MOOC资源在很大程度上改变了大学英语传统教学模式，有利于提升大学英语教学质量。MOOC资源多数来自国内外一流学府，学习资源具有丰富和高质量的特点，并且不受时空限制，可以持续性地为学生提供服务与支持。现在部分高校将MOOC引进大学英语教学中，教师借鉴MOOC的教学理念，构建了MOOC在线教学平台，改进传统的在线课程，完善校本精品课程，同时有选择地将MOOC优质课程添加到本校资源中，不断丰富着本校的在线课程，为学生提供了更优秀的教学资源和服务。而且，教师在充分了解了MOOC资源的优点和弊端之后，可以扬长避短，将MOOC应用于教学之中，更好地发挥学生的主体作用，有效提升大学英语的教学质量。

（二）MOOC资源的应用对教师提出的新要求

MOOC时代，大学英语教学面临前所未有的冲击与挑战，高校英语教师要抓住MOOC带来的机遇，加强大学英语MOOC资源的开发与应用研究工作，积极寻求教学模式上的探索与突破。借鉴MOOC教育理念，大学英语教学除了要传授基本的语言知识和通用技能之外，还要培养学生的学术英语能力和跨文化交际能力。

大学英语教师要敢于尝试新事物，通过学习和模仿示范MOOC名师课堂等方式，亲身体验网络课程的优缺点，发挥MOOC的优势，提升自身业务水平和教授能力。在体验全新的学习模式之前，更要针对教育对象选择合适的学习材料和学习内容，并为以后的高质量课堂教学奠定基础。

高校英语教师日益关注基于MOOC的混合式教学模式的开发，热衷于"微课""翻转课堂"的设计和制作。一方面，要求教师熟悉掌握微视频的制作方法；另一方面，高等教育主管部门和高校要积极组织开展微视频经验技术专题研讨会，讨论在微视频的创作过程中，教师能否将每一个知识点都生动形象地讲授出来，能否对重点、难点有非常清晰的认识，并将课程内容按其内在关系进行完美分割，又能经得住视野被拓宽的学生提问的冲击。这些问题的确给授课教师带来了极大的挑战，也提出了更高的要求。

大学英语应用MOOC教学后，学生从全国大学英语课程网络平台上选修课程,在本校接受英语教师的课程答疑,各高校教师也需要根据自己的特长开设答疑课,帮助学生完成英语课程的学习。大学英语教师要积极尝试在学生课后的自主学习中担任指导者的角色,为学生提供及时的网上学习帮助和建议,使学生把握好 MOOC 平台英语自主学习的正确方向,达到学习效果的优化。大学英语教师要注重整合最新的英语教学材料,制订完善的教学计划,并结合不同专业组成 MOOC 调研小组,注意 MOOC 内容的容量适度和互动性,针对不同情况的学生的英语学情进行分类指导。

(三) 大学英语 MOOC 教学的便捷性

这里所说的便捷性,主要是指大学英语 MOOC 资源的来源、获得途径与手段的便捷性。具体而言,就是国内大学英语教学可以直接引进并选择应用以英语为母语的欧美国家一流大学的优质 MOOC 资源,而这些课程更具有语言文字的地道性、学习内容的丰富性、选择学习的自由性、免费使用的开放性等特点。国外丰富的英语 MOOC 资源如潮而来,涉及各个学科专业领域。国内大学英语教学应用 MOOC 资源可以较大限度地奉行拿来主义,尤其对于一些英语拓展类选修课程而言,甚至不用大学英语教师费时费力地编撰教材、制作 PPT、开发 MOOC,只要根据学生状况和教学需要合理地选择应用即可。

二、我国大学英语教学中 MOOC 资源的应用现状

(一) 高水平大学在英语教学中已开发应用 MOOC 资源

2013 年 10 月,清华大学 MOOC 平台"学堂在线"正式上线。2014 年春,清华大学教育扶贫办公室联合外文系启动了"生活英语听说"MOOC 的录制工作,该门课程于 2014 年 9 月正式在"学堂在线"上线。

国防科技大学的《大学英语(口语)》MOOC 课程作为第一批"985 工程"高校十门课程之一,于 2014 年 6 月在"爱课程"网中国大学 MOOC 平台正式开课,上线后深受广大高校师生和社会学习者的喜爱。目前,该课程已经七次上线。前两次上线选修人数均超过 100 000 人次,连续两期

位居上线课程的榜首。该课程趣味性强，授课形式生动，主讲教师口语地道，教学方法深入浅出，为众多渴望早日摆脱"哑巴英语"的学生提供了强大的学习兴趣和动力。之后，学校开设了《大学英文写作》课程，该课程从跨文化交际的角度比较中英文不同的写作规范，讲解大学英文写作的知识和技巧，侧重范文分析和学生习作点评，因此有利于英文写作能力比较差的学生及备考雅思和托福准备出国深造的学生。

北京科技大学于2015年8月在中国MOOC平台开设了《大学英语自学课程（上）》，该课程共包括六个主题单元，每个单元围绕一个主题展开，包括两篇课文。授课视频化整为零，让英语学习系统、灵活、高效。在每篇课文的视频课程里，有课文逐句讲解、单词拓展延伸、难句分析总结、文化对比欣赏，更有精彩生动的课文导入和课文点睛，有利于广大英语学习者通过自学提升综合应用英语的能力。综合而言，该课程是一门非常受广大学习者欢迎的英语自学课。

哈尔滨工程大学创建了多功能模块化立体式自主学习资源平台，通过三种外语学习的教学软件为大学外语课程进行教学服务支持，这三种教学软件为"雅信达外语学科数字化语言自主学习平台""ITEST大学英语测试与训练系统""外研社大学英语教学管理平台"。这些平台具备多种功能，充分地支持学生进行英语语言技能的自主训练，有力地提高了大学生英语的听说水平。其中，"雅信达外语学科数字化语言自主学习平台"整合了大量丰富的大学外语网络教学资源，学习资源类型广泛，不仅有课程教材的巩固学习，还有课外拓展等不同难度与层次的学习资源，以满足不同水平的外语学习者的需求。"外研社大学英语教学管理平台"是一个紧扣教材内容，学习资源丰富齐全的学习平台，该平台将学习任务分割成不同模块，如背景知识、单词短语、课程内容、单元测试、课后练习等学习模块，为学生的自主学习提供最佳的支持与服务。其语言学习的重要评价方式是测试。"ITEST大学英语测试与训练系统"涵盖了丰富的高质量的英语试题库，难度平衡，可以支持学生进行听、说、读、写等能力训练，同时也提供组卷、阅卷和成绩分析等教学管理方面的功能。

尽管我国高校英语MOOC资源的开发与应用还处于初级阶段，但事实证明，尽管存在诸多的阻碍与困难，网络课程资源为英语学习者还是提供了更多的便利与选择，感兴趣的学习者可以跨越时空地学习到国内外名牌大学的英语课程，这大大提高了学生学习的积极性和主动性，提高了学生自身的英语文化素养；同时，学生还可以通过努力以获得所修课程的证书，这对学生未来的发展有着积极的意义。

(二) 在线学习完成率有待提升

低完成率是 MOOC 面临的最棘手的问题，是 MOOC 可持续发展的最大障碍。与传统课程相比，网上课程完成率过低的问题一直为人关注。尽管 MOOC 注册的学生规模庞大，目前国外媒体广泛引用的一个数据是，大多数的学生没有完成 MOOC 课课程，还有一部分的注册者根本没有参与过网上学习。MOOC 学习者的信息素养、自我管理意识、自主学习能力等学习素养较为缺乏及前期知识的匮乏是引发学习者中断网上学习的主要原因。

造成英语 MOOC 学习低完成率的原因主要有以下三个：首先，大部分的在校大学生对英语练习不具有自发性和自觉性的倾向，英语知识的习得恰恰需要勤动口、勤动笔。基于 MOOC 大多是自我导向的学习，所以能顺利完成英语 MOOC 学习的人较少。其次，英语词汇积累量的不足是很多大学生的短板。英语词汇量的积累是支撑中国大学生接受国际化教育的中坚力量，尤其是专业英语和学术英语方面的词汇量，毕竟直接从国外引进的全英文版课程含金量较高。我国学者的研究结果表明，从一定程度上说，中国学习者的口语输出词汇量有限，掌握的词汇量比较少，使用面比较宽，过度使用了他们所掌握的常用词。英语词汇量的缺乏，导致大学生不能顺利完成 MOOC 课堂中本族语教师用英语授课的各种课程的指导。然后，中国学生长期习惯聆听语速平稳、发音标准的中国式英语语音，很难适应且听懂带有地方口音的英语本族语教师的授课。最后，前期铺垫的基础知识匮乏也会导致大学生放弃英语 MOOC 学习。

(三) 大学英语 MOOC 资源的分配不均衡

投入高、风险大、收益低导致高校开发共建 MOOC 的意愿较低。开发优质 MOOC 资源需要大量资金扶持，一旦遭遇失败，损失难以挽回；即使成功，面对信息开放、免费使用的诉求，投资回收期将被拉长，收益就会降低，最终难以形成规模效益。这些不利因素使开发方对 MOOC 资源的开发与共建的前景预期产生消极心理，并对资源推广、应用等相关行动产生怀疑。所以，优质英语 MOOC 资源大都散布于各地，人为分割严重，并形成资源"孤岛"，不能有机地结合。

三、我国大学英语 MOOC 教学发展现状

目前，相比专业课程教学来说，我国大学公共英语应用 MOOC 教学偏少，英语 MOOC 教学推进不畅，只有少数高校重视并鼓励应用 MOOC 资源。之所以如此，不得不说大学公共英语教学的统一性和局限性限制了 MOOC 资源的推广应用。

公共英语教学的局限性主要表现在以下几个方面：

（1）教学要求的统一性。目前我国大学英语主要依据教育部《大学英语教学指南（2017）》进行课程教学。有的地方或高校教学管理部门固守陈旧观念，习惯老套管理，不重视、不鼓励、不推进 MOOC 教学。

（2）大学英语教材选择的统一性。事实证明，如果教材或学习内容选择不当，就会给教学带来困难。大学英语教学一般选用上级主管部门或有关学会指定的几种所谓高水平统编教材，千校一面，缺少特色；还有一些学校没有引进优质开放共享课程。

（3）教学的统一性。合班上课、固定学时、固定时间、固定地点、固定教师等。

（4）考核的统一性。大学综合英语和高等数学等基础课程长期以来是教务部门重点管控的课程，考试统一时间，统一试卷，集中流水阅卷。

（5）英语教师的信息化水平的局限。相比理工科来说，作为人文社会学科的大学英语教师信息技术水平整体偏低。

（6）大学英语学习的功利化。更多大学生英语学习的目的是拿学分、过四六级、考研、就业，与国家倡导的大学英语教学的主旨不符，学生无心眷恋更优质的 MOOC，只是为考试而考试。

(7) 软硬件环境的局限。大多数高校没有加入已开放的 MOOC 开发平台。

上述"统一性""局限性"等问题严重限制了大学英语教学中 MOOC 资源的推广应用,致使我国大学英语 MOOC 教学推进不畅。

第二节 MOOC 资源对英语教学的促进作用

一、改变传统的大学英语教学理念

我国高校大学英语主要教学模式为教师利用多媒体课件集中讲授。随着各高校连年扩招,传统的小班教学已很少见,在规模达到 60 人以上的多媒体教学大班教学模式下,教师只能照顾到大多数学生,对于处于两极的学生无法做到因材施教,而且学生之间、师生之间的写作与交流不够充分。传统的以教师和教材为主导的教学模式已经不能适应新时代教育的发展的需求。

2012 年,MOOC 在我国兴起,作为一种新型的教育信息化的教学手段,MOOC 从某种程度上冲击了大学英语教学理念上墨守成规、故步自封的现状,影响了大学英语的教学理念、教学模式和课程设置。故在当今网络教育资源十分丰富的情况下,国内部分高校紧跟时代步伐,旨在摆脱传统教育理念的束缚,培养学生的语言综合应用能力,以实现我国大学英语教学的终极目标,即培养学生自主掌握语言学习规律的能力,培养学生的语言学习兴趣,从而积极开展对开放资源教育的深入研究,并结合我国大学英语教学开发出了很多优秀英语 MOOC 课程。

关于 MOOC 的探索和研究,应该把它的意义拓展延伸到从以学习知识为主的传统课堂教学模式到利用丰富的网络资源,结合线上与线下的学习,自主探索、发现及解决问题、习得知识的教学模式。而大学的意义就在于创造一个基于现实又超于现实的学习环境,利用网络资源的便捷性、灵活性,充分调动教师与学生的积极性,使得教师的"教"与学生的"学"

可以真正达到融合与互动，在实践中解决学习中出现的问题，从而实现教育的真谛。

大学英语教育，不仅是教会学生听说读写等各项语言技能，也不仅仅是传递西方的社会文化，更应肩负"教书育人"这一教育真谛，帮助学生健康成长。大学英语教学理念的转变具体体现在以下五个方面：①转变传统的被动学习为主动学习；②借助MOOC资源培养及增强学生的自主学习能力；③培养学生之间、学生与教师之间的合作学习关系；④大学英语教学应该具有前瞻性，不仅是教会学生掌握一门语言，而是教会学生通过一门语言的学习提高自己未来的竞争力；⑤通过课程的精心设置，让学生了解自己致力于社会的价值和意义，让其具备健康成长的心理能力。

二、改进大学英语教学模式

大学英语教学的改革目标不仅仅是参与MOOC，而是要借助MOOC改进大学英语教学模式，提高大学英语教学质量。从模式视角看，MOOC表征着精心设计出来的新颖流程。它接纳了人本思路、选用建构流程、接纳程序模式。对比传统授课，MOOC变更了传统的单一模式，创设交互思路。在设计课堂时、后续评价时，都凸显了改变。

MOOC本身并非万能，未来高等教育的发展趋势应是MOOC与课堂研讨相结合的一种混合教学模式。这种混合式教学模式现已渗透到大学英语教学之中，在混合式教学活动中，教师不再主宰所有的学习活动，而是引导学生有序地开展自主学习、小组讨论和相互评价，进而提升学生的自主学习能力、思辨能力和创新能力。

MOOC教学模式中，教师对相关知识进行分析与讲解，指导学生的自我发现与探索学习，以实现学生的自主学习。在大学英语教学中，MOOC作为一种新型的网络教学模式，巧妙设计课堂内容，并以视频片段的方式呈现给学生，其中穿插阶段性的小测试，这要求学生的课堂注意力高度集中。以大学英语新视野精读课为例，教师提炼课文主题思想与知识重难点，将其制作成视频片段；同时，教师会围绕课文主题，设置并提出问题，以此调动学生的学习兴趣和积极性。在整个学习过程中，教师鼓励学生通过小组合作来解决学习中遇到的疑难问题，而教师则负责回答学生所关心的或者共性的问题。教师还可以通过网络超级链接的方式，把与课文相关的背景知识展示给学生，并且通过设置对比式或连问式的提问，引发学生的思考，启发学生的思维，通过这种方式引导学生走进教学情境。依托网络教学资源，通过观看视频和师生问答，把教学重难点充分地展示给学生，从而提高学生的听说能力；通过师生之间、教师与网络资源间、学生与网络资源之间的互动，激发学生探索知识的兴趣；通过多媒体网络系统，开展合作学习，如鼓励学生开展自由讨论、小组合作、角色扮演等，培养开放自由的合作学习氛围，可以提高学生自主学习的能力和熟练运用语言的能力。

（一）拓展教育的对象

MOOC 的基本思想是现代教育的"开放性"，MOOC 这一新型教育手段极大地拓展了受教育对象的数量，这是传统课程无法比拟的一种优越性。

教育界同仁意识到学校教育只是社会教育的一部分，如果想实现终身教育这一"大教育观"，必须要拓展教育的广度和深度，力求越来越多的教育对象有机会享有优质的教育资源。MOOC 从本质上来说就是一种网络教育，其教育对象可以拓展到课堂之外的任何群体，从而不再局限于时空和地域。只要学习者具备网上学习的条件，足不出户，就可以享受顶尖高等学府推出的优质课程。教育对象由传统课堂中的学生，拓展为全国乃至全世界任何有想提高自己、充实自己的需要的人群。MOOC 作为一种开放资源，让"大教育观"在某种程度上变为现实，从而提升了教育的普及化和公平性。

大学英语类 MOOC 的开发，就满足了很多对英语感兴趣、想在某种能力方面提高自己或者渴望接受更加优质专业的英语课程的学习者。中国大学 MOOC 平台拥有 50 多万用户群体，集中分为三类：在校学生、都市白领阶层及具有终身学习意愿的人。其中，也不乏部分中小学生的积极参与。在中国大学 MOOC 平台中极具好评的《大学英语（口语）》MOOC 课程的教育对象也出现"全龄化"趋势，只要有提高英语学习水平意愿的学习者都可以加入其中，有不少学习者学习的目的并不在于拿到证书，而纯粹是为了提高自身英语水平和兴趣。

(二) 丰富教学的内容

MOOC 内容都是来自世界顶尖高校的优秀教师团队所开发的优质课程，其教学的内容与传统的课堂教学相比更丰富。MOOC 打破了时空和地理的界限，可以随时随地利用网络资源，实现跨越时间和地域空间界限进行学习，实现了大范围内学习信息的共享。不同高校里，教师对同一门课程的理解不尽相同，在不背离教学大纲的前提下，教学内容的安排、教学方法的设计也各有侧重。以往学校如果想推出一门新的课程，通常前期会在人力、物力、资源方面做出很多的投入。同一门课程可以在很多院校之间分享，这样，同一门课程的教学内容总量就会成倍增加。

MOOC 课程具有与时俱进的特点，其更新速度紧跟时代步伐，这样 MOOC 在网络平台更新的速度也随之加快。与传统大学英语课堂教学的教学内容死板、教学方法落后相比，MOOC 课程有更大的优越性。MOOC 课程的学时分配大大少于传统课程的学时。MOOC 的课程内容大都是以模块为主，每个单元的重点和难点就是知识串联起来的重要依据。在相对短暂的教学时间里，教师的主要任务是展示教学的重难点与精华内容，以吸引学生听课的注意力，激发学生的学习兴趣，保障学生能够以饱满的热情和动力完成相关课程的学习，因此保证了教学的质量。

MOOC 是一种生成式课程，课程所包含的知识随着课程的进展而不断增加。在整个学习的过程中，教师与学生分享优秀的学习资源，因此，与传统课堂中教师的一人讲授相比，教学内容更加丰富。

(三) 扩充教学的手段

传统大学英语教学注重教师在课堂的主导地位，所有教学问题基本都是通过课堂师生之间面对面的交流而解决的。而 MOOC 所具有的网络教学的开放性、交互性和自主性等特点，注定要打破传统大学英语的教学理念和手段，也决定了教学方法发生变化，其主要表现在以下三个方面：

首先,新的教学方法旨在提高学生自主学习的能力,而不是单纯强调教师的主导地位。在学习过程中,学生接受教师的指导,但并不完全依赖于教师讲授,而是自主地探索发现并习得知识。学生学习MOOC课程时面对的是视频,并不能完全受控于课堂管理。因此,如何能够让学生愿意参与到这一学习过程中来,这是教师在教学设计中应该考虑到的首要问题。在MOOC的应用过程中,教师在准备MOOC视频,到后期讨论与资源的设计与分享上,都要进行精心的雕琢与设计。以中国大学MOOC平台的《大学英语(口语)》MOOC课程为例,其设计很注重教学细节,针对因为各种原因而没能注册或者跟不上进度的学生,《大学英语(口语)》MOOC课程又进行了第二期。这样可使学生尽可能地深入理解同一教学内容,每次学习都可以发现同一问题的不同方面。使自己在对知识的认识与理解上掌握更全面。

其次,借助网络资源的便捷优势,继续探索新的教学方法。充分地利用现代教育技术手段及丰富的网络教学资源,是开展大学英语大学改革的重要途径。通过师生与生生之间的交流互动及讨论,可以有效地解决传统大学英语教学方法单一枯燥的问题。借鉴MOOC教学的知识单元化、主体化等特点,改革传统的教学方法,积极推进普及大学英语的混合式教学是当前教学改革的重中之重。

最后,MOOC突破了传统课堂教学的限制,教师可以把教学环境拓展到其他符合课程内容与氛围的环境中去,学生也可以依据自己的喜好选择自己喜欢的平台或者教师进行交流和学习。

(四)转变教学的环境

至今为止,对于教学环境内涵的界定依然存在分歧,研究者们尚未形成较为一致的意见。例如,有学者认为教学环境是由课堂空间、课堂师生人际关系、课堂生活质量和课堂气氛构成的课堂生活情境;也有学者认为教学环境是由学校建筑、课堂、图书馆、实验室、操场及家庭中的学习区域所组成的学习场所。

MOOC课程的教学环境也有广义和狭义之分。最直接影响MOOC

教学效果的因素就是科学技术的发展水平，科技水平越高，提供给师生的便捷就越多，也因此而让虚拟的网络更具操作性，更接近真实的生活。MOOC教学平台打破了时空和地域的限制，极大地发挥了多媒体网络交互方面的优势，使得知识的传授不再拘泥于传统的课堂形式。教师在网络环境下，学会思考如何更有效地传授英语知识、培养语言技能，同时方便学生根据自己的需求选择适合自己的学习内容。教学环境由传统的依靠黑板、幻灯片的教学手段改变为基于网络平台大数据学习的在线教学环境。这种新型学习手段将网络平台的功能与课程的设计和课件的开发制作密切结合，为师生提供交互性很强的学习体验。在线教学环境的发展，为教师自主开发建设在线课程提供了丰富的资源，也适应了不同教学目的的管理需求。MOOC不但支持教师的个性化课程建设，同时也支持学生根据自身的特点和兴趣进行自主选择性学习，使社区学习得以实现。通过利用人工智能、学习分析、移动终端等实现强交互及重体验的学习环境，MOOC决定了学习者通过网络不受时间地点和环境的制约进行课程学习，这种学习要求学生具有较强的自律性，自觉抵制周围环境的干扰和诱惑，以保证更好地完成学习任务。

（五）转换教师的角色

教师角色是指处在教育系统中的教师所表现出来的由其特殊地位决定的符合社会对教师期望的行为模式。外语教师新角色可归结为建构主义、双主模式、社会学习理论及一系列语言学理论。网络教育中，MOOC平台是一个虚拟的教学环境，教师与学生在各自的空间通过网络技术进行教学活动。较之传统课堂，师生的关系趋于平等化、民主化。随着MOOC的进一步发展，大学英语的教学也将不断改革创新，这对大学英语教师的角色转变提出了新的挑战和要求。

在网络教育中，教师角色发生变化。第一，学生转为教学活动中学习的主体，而教师则是整个教学活动的策划者和指导者。教师肩负着课程设计、课堂管理、活动策划、问题答疑、学习评价、教学效果分析等多种职责，而学生则须在教师的指导下独立自主地完成教师所布置的学习任务。

MOOC 课程的学习，教师不再是课堂的主宰，课堂也不再是教师的一言堂，学生的主体地位在反转课堂中得到充分体现，而教师的主导地位并没减弱，反而加强了。第二，教师由知识的传授者转变为网络课程的开发者和优质教育资源的提供者。课前教师需要搜集整理并制作与教学内容相关的教学视频、教学课件，旨在让学生对即将学习的知识有所了解。在学习的过程中，教师会予以支持指导。

三、提供优良的学习资源

在以往的学习经历中，学习资源通常是以教科书及各种形式的学习资料的方式呈现给学习者的。MOOC 学习过程中，学习资源的种类和形式要丰富许多。MOOC 平台课程提供的学习资源就相当于学生上课用的教科书或者课后的学习资料，而且为了帮助学习者更好地掌握课程的内容和特点，较好地完成课程的学习，除文字教材之外，还有录音教材、视频教材及网上其他丰富的学习资源。这样不仅扩充了微视频的数量，充分利用 MOOC 等网络资源作为教学素材，更能让学生在学习过程中感受英美文化、待人接物方式、语言表达习惯，这对学生的口语表达、听力理解、把握英语发音的语音语调等有着非常大的帮助。在 MOOC 快速发展的形势下，越来越多的 MOOC 平台被创建，越来越多的大学课程被开发并开放出来，这对于学习者来说当然是好事。MOOC 的发展为大学英语教学所带来的一个重要影响就是拓宽了学生学习英语的资源与渠道。但是，面对网络上形式多样的学习资源，教师应该指导学生学会甄别出适合自己学习需求的课程学习资源，而不是鱼目混珠、盲目地选择和学习。

四、学习者学习兴趣和自主学习能力的提高

大学英语教学与应试教育紧密联系，很难摆脱其束缚。学生为了考研或者毕业求职，花费大量的时间攻克全国大学英语四六级考试，被动应试，从而缺少英语学习方面的兴趣。但基于 MOOC 教育平台的大学英语教学，实现了学生自主学习能力的提升和学生学习积极性的开发与培养，MOOC 课程能够非常积极地引导师生间去互动，主要是因为它本身具有

学习时间短、每周学时少的特点。这样教师会避免传统课堂冗长乏闷及学生注意力不集中的问题,教师在新学期前会把作业提前发到个人邮箱,以提醒学生需要在开学前做出怎样的准备工作,同时MOOC还设有学生讨论区,鼓励学生对教师布置的作业题目一同参与讨论,大大提高了学生的主人翁意识,使其积极参与到学习过程中。因此,MOOC使学生从单调乏味的传统课堂中解放出来,提高了学生学习兴趣,从"要我学"转变成"我要学",增强了学习主动性,提升了学习内驱力。

基于MOOC资源的个性化学习使学生的角色也发生了变化,在传统课堂中,学生是知识的接受者;而在MOOC模式下,学生是知识的生产者。学生根据教师的指导和要求,自主安排学习的内容、速度、时间和空间。MOOC给学习者提供很多课外语言学习的机会,开阔了学习者的视野并拓宽了知识面,刺激了学生的兴趣增长点。在MOOC学习过程中,学习效果良好的学生可以转变身份为教师,辅导其他同学共同进步。

学生自主学习能力的提高体现在以下四个方面:

(1)学生的自主学习方式的选择。根据个人喜好,学生自行选择喜欢的课程及学习方式。以金融或会计专业的学生为例,学生在MOOC平台可以选择与专业相关的英语课程,如金融英语课或者公司金融课等,且选择英文版本。如果学生坚持学完所选课程,即可获得结业证书,还可收获更多专业知识,同时提高英语听说能力。

(2)学生的个性化学习方式的选择。学生自身的英语能力和基础会影响到其课程进度的安排,在网络学习中,对于相对熟悉的内容可以选择快进或略过;对于相对生僻的内容,可以选择重复播放。与此同时,学生可以自主安排学习的时间、地点和设备,以提高学习效率。

(3)学生自我检验学习方式的选择。学习过程中,教师给学生安排诸多的测验,并且实时公布测验的结果与答案。学生根据每次测验的成绩,可以了解到自己近期的学习情况;学生还可以根据自己的需要重复测验,以强化对知识的理解,提高自主学习能力。

(4)学生的合作学习方式的选择。很多学生喜欢MOOC的重要原因之一是网上社区,学生们可在社区这样轻松的氛围里交流学习并获得知识信息,学生还可以在社区里分享自己的创意和作品,相互学习借鉴,激励自主学习,达到共同进步。中国大学MOOC平台是由教育部联合高教出版社和网易共同创办的,在中国极具权威。国防科技大学开设的《大学英语(口语)》MOOC课程,毫不逊色于外国语大学口语课程的专业性,课程总计15周,主讲教师为彭天笑教师。课程视频拍摄精美,课程大纲设计合理,授课教师充满激情,整个课程极具活力和诚意。视频中还定期穿插"七嘴八舌"的环节,由几位学生进行地道的英文对话。总之,整个课程的轻松气氛紧紧吸引了学生的学习注意力。《大学英语(口语)》MOOC课程中有的帖子浏览量达到17 000余次,不包括评论回复的跟帖数也达到了1700个之多。讨论区让用户有了和大家同时学习的感觉,增强了学习动力。

五、学习语言应用能力的提高

以国防科技大学开设的《大学英语(口语)》MOOC课程为例,该课程以口语技能为主线,从纵深两个维度上提高学生的英语口语应用能力和水平。视频课程内容丰富,广泛涵盖日常生活及出国留学培训所涉及的主要话题。课程以雅思考试的口语能力要求为标准,学生可以有条理地组织语言,有能力参与生活话题的讨论与思辨,并且在此基础上发表自己的观点,逐步渐进性地提高学生的口语输出能力,培养学生自觉使用交际策略的能力,同时能为打算留学深造的学生提前做好应试准备。

MOOC教学模式可以大大提高学习者的语言实践应用能力。MOOC平台提供大量的英文版本的专业课程,学生通过网络学习、教师的线上辅导、学生的合作交流,可以自主选择和自己专业相关的课程来学习。不管是学习大学英语课程,还是学习本专业课程,都是通过英文交流来实现的,这样潜移默化地在实践中就加大了英语听说练习的比例。MOOC将学生语言应用能力的培养渗透到教学这一过程之中,学生不仅可以学习到英语知识文化,还可以锻炼和提高语言的表达、交际、合作、抗压等各方面的能力。

六、教师教学能力的提高

全国大学英语教师平均年龄为31~39岁,这样年轻化的年龄结构更容易接受新的事物。参与MOOC教学的教师不但对自身教学能力做出反思，在专业的信息技术人员的指导下，大学教师教学能力也有了显著的提高。

MOOC教育理念要求教师具备较高的教学水平和教学能力。面对MOOC所带来的冲击，各大高校以教师发展中心为依托，完善大学英语教学的内部促进机制，为提升大学英语教师的教学水平与能力提供了支持。

MOOC不仅带来了大学英语教学理念、教学内容、教学方法等方面的诸多改变，同时也挑战大学英语教师原有的知识结构和教育观念。一方面，大学英语教师通过学习MOOC课程，提高了自身的ESP、EAP水平，进而有能力开设出高质量的校本大学英语MOOC课程，更好地满足广大学习者的学习需求；另一方面，教师通过学习有关英语教学法的MOOC课程，提升了信息技术环境下的多媒体教学能力和水平。

七、有利于创新课程建设

近年来，教育界对大学英语的课程定位和设置展开了大量的探讨和思考，相关的调查分析也证实了当前大学英语教学仍然以传统的通用英语为主，大学英语课程教学模式落后，手段单一。大学英语课程类型急需丰富，教学质量有待极高，这样才能更好地满足学生的学习需求，提高学习者的学习兴趣，这种需求也体现了MOOC给传统课堂带来的冲击。

教育信息化与全球化时代的到来，"开放共享"的教育理念成为未来教育领域发展的主要趋势，也使大学英语在课程设置方面得到了进一步的优化，在课程内容与课程结构上也有了新的设置。为了培养学生的专业素质和语言能力，课程基于语言的专业性、工具性与人文性三个方面进行建设。

新的大学英语课程不仅加强了语言知识、语言技能的学习，而且注重跨文化交际等能力的培养，同时还要加强学生在专项语言技能及人文精神方面的培养。当前，大学英语课程的设置主要以通过全国大学英语四六级考试为目标，新的课程建设要做好本科生在通过大学英语四六级后与语言文化类课程、人文素质类课程的过渡与衔接，增强学生对背景知识的理解与文化传承创新的综合能力，最终实现通识为本、全人观的教育理念。

在大学英语课程的设置与开设方面，旨在培养学生的综合人文素质和文化修养。学校也可创新课程设置，如通过增加海外的"文化之旅""游学活动""海外校园体验之旅"等类似活动，培养学生的跨文化交际意识与国际理解能力。

基于MOOC的大学英语课程建设，能更好地满足学生的学习需求，更好地满足国际化视角下的大学英语课程建设需要，更好地契合当前社会对于广大毕业生的要求，也更好地提升广大教师的专业能力和素养。

八、有利于推进优质教育资源的开发和共享

MOOC是基于在线网络平台针对大规模不确定受众的学习平台，具有课程受众面广、参与自主性强、课程资源丰富、课程知识碎片化、课程服务个性化等特点。MOOC平台展示了丰富的国内外优质教育资源，打破了传统高教中优质教育资源的垄断地位，激发了高校间的良性的教育竞争压力，进而提升了高等教育的水平和质量。教育的发展趋势是以互联网为主要载体的学习环境，而传统的教室将变成学生自主学习或者协作学习的场所，学生可以自主选择学习内容，自主安排考试测验，自由复习课程知识点，传统的大班授课逐渐被替代为小组学习与讨论。优质教育资源的共享为学生提供了英语学习环境与平台，在这个环境中，学习内容与活动丰富且学习资源质量不断地提升和扩展。信息技术的发展与普及给大学英语教学注入了新鲜血液。MOOC教学模式发挥了高校的资源辐射作用，目前，各大MOOC平台上提供的部分学历教育课程已经形成了一个小的市场，大学和教师是企业，课程是产品，学习者是顾客，学习者获得了选择课程的权利，大学和教师面临了被学习者选择的压力。

随着课程市场的形成，市场竞争的加剧，教育资源将被优化重组，教育质量将会获得极大提升。国内一流高校秉承着"开放、吸收、共建、共享"的指导理念，自觉主动地开放优质教育资源，提高优质资源的利用率，从而发挥了本校优质资源的价值与优势，旨在让优质的教育资源能够普惠更多的人。

另外，高校间合作方式的创新也可以推进地方高校参与优质教育资源的共享和建设。高校之间的合作与共赢，可以全面实现并提高优质教育资

源的共建共享。与此同时，地方高校须结合本校特色，通过大学联盟的方式构建新型的高校合作关系，力争全面实现高校资源的共享和互补。只有明确联盟高校利益分配机制，才能实现高校个体利益与联盟集体利益的最大化，并在此基础上实现资源同享，推动联盟持续深入发展。除了共享实验仪器、图书文献等硬件资源，以及优秀师资、办学经验等软件资源外，还包括共同参与优势专业学科建设、共同开展高水平项目研究等机会资源，体现联盟内高校共同发展的宗旨。

第三节 英语教学中 MOOC 资源的开发与应用策略

一、转变教师教育理念

网络时代的教育理念要理论结合实际，以学生的兴趣为中心，而非以教师为中心。MOOC 发展环境下，传统的指令性教学模式转变成了辅助性学习服务，教师的"主导"重心角色发生了转换。教师需具备多样性、多学科的知识领域来充实自我，实现角色的转型，才能够在新兴媒体众多的形势下开展有效的教学与指导工作。

大学英语教师应具有驾驭"技术"和"教学设计与实施"的重要能力，借助 MOOC，学生随时可以接受最前沿的最大化的信息，教师要做的就是"授之以渔"，提供各种英语学习资源，并鼓励学生积极利用这些学习资源：组织各种生动活泼的课堂活动，发挥学生的主观能动性；帮助学生规划英语学习，更好地实施切实可行的学习方案和目标等。总体来说，教师应具备以下六个方面的能力：①较强的教学技术和方法实施能力（信息技术与教学设计深度融合）；②对教学内容解读和资源建设的能力（简短且效果良好地进行教学视频的制作、高效讨论话题的提出及高效的作业布置，资源的识别、处理、存储及利用）；③对教学的组织掌控能力（例如，教学设计的新颖设计、话题讨论的组织和管理、教学实施的恰当调整等）；④教学异步管理的能力（包括导学、助学及监控）；⑤监测研究的能力（监测学习者的学习动态、评价完善学习结果、追踪学习进度等）；⑥教学环境营造的能力（师生交互环境的设计、学生兴趣的激发和维护，以及较强的在线沟通能力）。教师只有具备以上六种能力，才可能开发出优质的 MOOC 课程。大学英语教师应积极参加相关 MOOC 教学方面的培训，培养及提高 MOOC 开发能力，提高 MOOC 开发的兴趣和愿望。也唯有增加大学英语教师学习培训的机会，提高完善自身的 MOOC 开发建设水平，鼓励其制作 MOOC，并可适合移动端访问，才是英语 MOOC 发展的重要方向。建议普通高校将 MOOC 发展纳入学校的发展规划中，并安排专项资金予以支持。学校在长期现代化教学建设中，应集聚一批专业技术人员和较好的技术设备，利用这些基本条件，加强与社会组织和企业的紧密合作，切实做好英语 MOOC 建设所需要的师资和技术人员的培训工作，为英语 MOOC 建设的深入推进奠定坚实的人才和技术基础。

二、增强课程黏着力

MOOC 不是全能的，应尝试在课程设计应用教学新样式，受限于教师的观念、教学习惯、信息素养和对在线学习质量的顾虑等因素，O2O 混合模式仍然是我国大学主要的努力方向。

MOOC 的学习由于没有人为监控和驱动，学习依赖于学习者的自我调控，因此学习者自发地交流、协作、建立连接、构建学习网络。学习者进行基于多种社交媒体（如讨论组、微博、社会化标签、社交网络等）的互动式学习，通过资源共享与多角度交互拓展知识的范围，通过交流、协作构建学习网络，通过社区内不同认知的交互构建新的知识。

因此，如果 MOOC 学习者的动机问题得不到目前课程模式的解决，学习的"黏性"就难以维持，完成率提升就变得十分困难。MOOC 时代，传统的教学模式已很难应对这些变化。要满足社会和学生的新要求，要进一步推动大学英语教学的发展，教学模式的改革显然是势在必行。应形成"MOOC 模式+课堂研讨"的混合式教学模式，混合式教学模式可以兼顾知识的普及和创新，全面实现大学的教育职能。

对我国的大学而言，受众最广的外语类课程是《大学英语》，它在绝大多数大学里被定为低年级学生的必修课，微课程作为一种先进的教学技术手段，具有一些常规课程所不具有的特点。它是一种多元的信息输出手段——"音画结合"。教师话语伴随着PPT的文字与图画同时呈现，后者对于学生理解教师话语起到了极大的辅助作用。所以，这种辅助作用应该得到充分的利用。

大学英语课程基于MOOC也可探索翻转课堂模式。国内对翻转课堂的研究和实践刚刚起步，仍处于引进、介绍的阶段。学生学习的关键因素就是提问。"翻转课堂"与传统课堂相比，优势在于它将学生置于一个以问题为主要线索的教学活动环境。少数学生在课前的自学活动中会产生的问题，因为没有得到及时的回答，到了课堂上可能会忘记当时的问题，如果能够得到及时的回答就更好。因此，要建立一个能及时记录学生学习过程中的疑问的机制。例如，将问题记录在网络学习平台上，或在学习平台中镶嵌即时在线辅导工具，在规定时间内可以相互交流，或者邀请专家答疑。如此，学生的问题可得到即时回答，课堂上再进行深度探讨，加深其认知过程和知识内化，达到更好的学习效果。

三、鼓励学习者积极参与

加大对MOOC的宣传力度。鉴于很多学习者对MOOC还不了解，学习者参与是对MOOC学习的全面体验，对有用性感知和易用性感知有较大影响。只有通过对MOOC学习的切身体验，学习者才会真正了解其有用性和易用性。教师可以鼓励学生学习相关的MOOC，或积极考虑将MOOC引入课堂，如进行翻转课堂的尝试等。学校可以通过举办讲座等方式介绍MOOC，使更多学习者深入了解MOOC平台及课程，提升学习者对英语MOOC的接受水平；还可增加论坛数量，通过建立QQ群、微信群等方式，加大MOOC教育模式的宣传力度。这些社会性软件容易登录、受众面广、传播信息迅速，通过类似平台推送MOOC提醒信息，吸引潜在的学习者及早地加入相关课程的学习中。

鼓励学习者参与。教师可以鼓励学生了解并学习英语MOOC，也可以考虑将MOOC引入英语课堂,如探索大学英语翻转课堂教学模式或者微课教学模式等。同时,还要对学习者给予证书、学分认证、奖学金或其他奖励来鼓励学习者参与MOOC学习,使学习优秀或表现优秀的学习者可以获得物质方面的奖励或精神方面的支持。教师还要及时关注学习者的学习动机,包含兴趣在内的学习动机。

鉴于大学英语MOOC教学模式中存在的情感缺失问题,大学英语教学应把教学设计的重点放在"教"与"学"的交互研究方面,加强教学反思与评估。教学相长,师生互动,构建和谐共进的师生关系。MOOC以学为主,打破传统教学以教为主的教学模式,可以教学相长。

情感与认知是学习者参与学习的两个基本维度。积极的情感会给学习者带来学习的动力和持久性;反之,消极的情感不仅影响学习者的正常学习,甚至会影响学习者的身心健康。因此,在MOOC时代,教师与学生应寻求共学共进。经验越丰富的教师,越愿意积极主动地与学生交流,越容易让学生感觉到教师的存在。

教师主动激发师生互动有六个关键技巧:①不要被动等待学生来提问,而要主动鼓励学生向自己提问,以确保学生时常投入学习之中;②勇于尝试在教学中应用新型技术工具,发现及确定哪种工具或设备适合应用于教学中,以保证师生互动的技术通道的通畅性;③亲身参与虚拟课堂,从学生的视角体验MOOC学习,以此来帮助自己更好地理解学生的学习困难与需求;④善于鼓励MOOC学习空间中负责任的行为,引导学生合乎规范的学习行为;⑤充分利用在线论坛等平台为学生提供建立联系、有效交流的机会,促进学生形成以班级为界限的学习共同体;⑥善于管理自己的在线时间,事先规划以便有效整合教学资源,同时还需提供备用方案以防由于突发的技术障碍而带来的不利影响。

四、建立青年教师团队,为课程开发注入活力

教师信息化教学能力作为新型的教学技能,是教师专业发展的核心能力,是高校教学质量的保障,应得到高校和教师的重视,高校层面应加大对青年教师信息化教学能力的技术培养和物质支持。

开发MOOC人力资源,需要充满活力的教师团队。并不是每位教师都是合适的人选,从年龄结构上看,青年教师应该为教师团队的主体。一方面,动机是计划开展的必要前提,MOOC英语教学模式的到来改变了传统教学模式,具有几十年的英语授课经验的老教师一时难以接受MOOC这一新鲜授课方式。正如现在,在多媒体广泛运用于教学的年代,很多老教师依然选择板书授课、手写备课。当前的青年教师是云生活的新人类,生活在微信、微博等电子媒体中的他们,对基于电子信息技术的授课模式具有更强的动机。另一方面,一般情况下青年英语教师是高学历的尖端人才,思想前卫,他们的心智结构符合MOOC开发的基本条件。尽管青年英语教师的教学经验不足,但是他们的记忆力、感知能力、想象力等都处在发展的顶峰,在长期接受国外文化的影响下,他们接受知识快、学习能力强、创造力丰富,所以他们是MOOC开发的最合适人选。

五、完善学习评价体系与管理机制

大学英语改革要科学引导MOOC应用,建立健全MOOC教育教学体制,让MOOC教育发挥良好作用。MOOC的质量监控、课程认证和学分认可等将影响MOOC的可持续发展,因此这一部分既是将来实践者探索的重要内容,也必将是研究者关心的重要主题。只要教师有机会能不断地与网络课程磨合,就该有充分的理由看好网络课程的发展前景。因此,国家根据不同高校的发展水平和特点,制作出符合实际和课程的MOOC测评方法。例如,学生所修的在线课程达到某种标准就可以获得相应的学分,而这些学分是获得该校学位的必要组成部分。而且,学校之间应打破资源垄断,可以进行学分互认互换、互相促进,进而使得MOOC趋于正规化。这样,学习者通过MOOC而学习到的知识技能就可以得到社会的认可,MOOC也可以获得可持续发展的动力。

应将英语MOOC结业证书或者课程进度纳入学生过程性考核。首先,要求由重视教学结果的评价向重视教学过程的评价转变,加强对平时作业练习、课中和课后测验、学习日志、论坛参与、演示操作等的评价,弱化传统的期中测评和期末考试。以过程性评价促进和引导学生积极地学习,而不是在所有课程过程结束后给学生一个合格与否的评判。其次，以教学平台为基础，采用形成性评价和总结性评价相结合的方式评价学生学习绩效，把学生自评、生生互评及教师评价融入教学过程的各个环节，实时向师生提供反馈信息，为教师调整教学策略、针对性解决某学生具体问题提供依据，也有利于激发学生的学习兴趣，提高其成就感与学习绩效。

MOOC 考试采用线上线下考试相结合的形式。目前，考试缺乏诚信是 MOOC 最大的缺点。相比较而言，一些相对成熟的 MOOC 平台，通过采取摄像头等方式来进行身份认证。但这种方式不但需要学习者金钱上的投入，还不能完全保证诚信。中国的 MOOC 平台尚且缺乏身份认证，因此作弊现象严重。为了弥补这一缺陷，采取线上线下考试测评相结合的方式。例如，期末考试放在线下进行，而平时测试和课后作业在线上进行。如果学生平时的学习态度不认真或测试作弊，就会影响到其线下考试的顺利进行。这种线上考试和线下考试相结合的测评形式既提高了考试的透明度，发挥了 MOOC 平台的线上优点，又利用课堂保证了 MOOC 考试的诚信度。

探索学分互认制度，促进教育体制创新 MOOC 推动下的学分互认发展，建立了在线学习与学历教育之间的桥梁，为中国高等教育体制的创新带来了机会。

六、制订规划及规章制度

MOOC 建设是一项复杂的系统工程，涉及学校工作的诸多方面，它需要学校诸多职能部门的密切配合，也需要广大教师和学习者的高度认可和大力支持。因此，在 MOOC 平台的开发和管理方面，必须加大力度，制订并完善规章制度，使其合理化、科学化。在科学规划的基础上，充分尊重教师的教育教学权利，以提高教学效率。学校在建设规章制度的过程中，同时建立完善课程内容审查制度，并加强教学过程和平台运行的监管，有效防范和制止不良信息的传播，以确保平台的平稳稳定和用户、资源等信息的安全。应充分利用 MOOC 资源的优势，建设内容质量高、教学效果好、适合网络传播的在线开放英语课程。学校应着手制订《英语课程建设与管理办法》，内容包括课程建设的基本原则、MOOC 平台建设、课程类型与建设方式、主讲教师及教学团队建设、教学方式、成绩管理与认定、辅修专业与双学位、经费支持及机构设置等多方面的内容。

七、建立多元投入机制，促进英语 MOOC 资源共享

优质资源的共建共享需要社会多方的支持，在政府引导下进行多方的投入和"成本分摊"机制将成为教育信息化可持续发展的重要保障。

国家应着手改革资金的投入方式，将单向经费援助转变为专项业绩补贴。在加强经费援助的同时，为提供优质网络教育资源且社会效益良好的单位提供一定的经费补贴与奖励。最重要的是，国家要争取出台统一的技术标准，规范网络资源建设的质量和通用性，能够按统一标准执行应用系统的设计及优质资源的研发、制作，来保证资源共建的标准化、规范化。同时，国家应积极鼓励社会企事业单位、社会组织、社会力量，以商业化运营方式参与资源共建、利润分享，并充分发挥市场机制在资源配置与共享中的核心作用。

目前，为了有效调动高校和教师开发 MOOC 资源的积极性、提升 MOOC 的应用与服务水平，我国应积极探索政府主导支持建立、学校主体建设、共建共享的社会发展模式，构建基于公益性和市场化相结合的共建共享体系。我国应借鉴国外 MOOC 平台的建设经验，加快建设优质开放课程教学资源，全面提升服务水平，努力使精品资源发挥最大的应用效应。这就要求：首先，教育部和省级政府部门要在政策上加强指导与支持，为 MOOC 的全面发展提供明确方向、必要条件和良好的发展环境；其次，高校要承担绝大部分的课程产出、管理与科学研究的角色，积极推动高等教育机制体制的创新变革；最后，专业公司可通过技术辅助、合作开发、独立运营等方式不同程度地参与到 MOOC 的建设与管理中，利用其技术与市场资源优势，缩短相应知识科研成果与实践应用的转换距离。

第七章　基于翻转课堂的英语教学设计与应用研究

随着教育制度的不断变革，翻转课堂作为一种新型的教学模式开始出现在人们的视野中，它和过去的教学模式有所不同，它更加注重培养学生的自主学习能力。本章重点探究翻转课堂教学方法的理论、基于翻转课堂思想的高校英语教学设计、翻转课堂在高校英语教学中的应用。

第一节　翻转课堂教学方法的理论探究

一、翻转课堂教学方法的定义与特征

（一）翻转课堂教学方法的定义

翻转课堂是由英语"Flipped Class Model"翻译过来的术语，教育界称之为"翻转课堂式"教学模式。它与传统的教学模式完全不同，传统的教学模式是以教师讲课—布置作业—回家练习的传统顺序完成；而翻转课堂与传统的教学模式形成一个鲜明的对比，翻转课堂是采用"先学后教"理念，消除了传统教育过程和教学内容的强制性和思维过程的依赖性，重点在于把知识转化为自己的东西，真正做到了"以学生为中心"。

翻转课堂又称反转课堂、颠倒课堂，传统模式下的"教师讲课，学生练习"的方式与翻转课堂所特有的"课前学生自学，上课共同练习"的方式正好相反，因此称之为翻转课堂。从教学组织的角度来说，翻转课堂就

是将知识分段，翻转课堂的目的就是将知识片段化，教师制作教学微视频，学生在课前观看微视频，并随时对疑难知识点进行讲解，课中师生之间还可以利用互动来对知识进行充分吸收，课后微视频还可以起到复习巩固的作用。国内外学者对翻转课堂的解读体现在宏观和微观两个角度。从宏观来看，是对翻转课堂理论的定义，即翻转课堂对知识传授、内化的翻转；从微观角度来看，翻转课堂是过程内涵。

  国内部分高校也相继开始了翻转课堂的实验研究。翻转课堂是"先学后教"理念的技术化使其执行性极大提高，消除了传统教育过程中教学内容的强制性和思维过程的依赖性，重点在于把知识转化为自己的东西，真正做到了"以学生为中心"。具体来说，翻转课堂教学方法具有如下八个方面的特征：

  （1）注重学习过程。学习者在学习过程中提高职业能力和学习业绩，以此实现教学目标。

  （2）注重学习者思维方式的培养。在教学过程中，注重学习者思维、发现及分析解决问题的能力，注重思维方式、学习能力的培养。

  （3）注重学习者自主学习习惯和能力的培养。在翻转课堂教学过程中，无论是课前、课中还是课后，都有一定的形式、任务和压力来培养学习者的自主学习能力。

  （4）注重学习者合作精神的培养。学习者在未来工作中最需要的就是团队合作能力，所以，在翻转课堂教育过程中利用团队合作的方式进行学习有利于合作精神的培养。

  （5）从传统教学"关注知识的传授"向"关注学习者的发展"转变。以学习者为中心，以培养学习者职业能力为目标开展教学。

  （6）从传统教学怎样"教好教材"向怎样"用好教材"转变。课程不等同于教材，教材是课程的主要知识载体。因此，在教学过程中，在充分发挥教材作用的基础上，将行业企业的新知识、新技术和新方法等及时融入教学内容之中。

  （7）从传统教学注重"教"向翻转课堂教学注重"学"转变。在教学过程中，教是促进学的基础方法，学是实现教学目标的核心方法，而培养学习者的自主学习能力则是教学的主要目标之一。

(8) 从"传统教学"向"新理念教学"转变。教师和学习者的理念转变是核心。

(二) 翻转课堂教学方法的特征

20 世纪 50 年代，世界上的很多国家还在进行着广播电视教育，之所以其他的教学模式没有对教育界造成影响，而翻转课堂却能很快得到大家的认可，是因为翻转课堂相比其他方法来说有以下两个鲜明特征。

1. 教学内容

(1) 短小精悍的教学视频。在应用广泛的互联时代，短小精悍成为翻转课堂一个相同的特点。几分钟的视频时间占据了主导地位，十几分钟的视频已经成为较长视频。一个视频对应一个特定的问题，针对性比较强，更利于查找；视频长度符合学生身心发展特征，能巧妙地控制在学生注意力集中的时间段范围内；具有暂停、回放等多种快捷功能，有利于学生自我控制、自主学习。

(2) 清晰明确的教学信息。教学视频可直接听到教师书写时的画外音，视频中还可以看到教师的手不断地写出讲解中的数学符号，直到填满整个屏幕。而传统教学录像中，在学生自主学习的情况下随意出现教师的头像及教室里摆放的各种物品都会分散到学生的注意力。这就是翻转课堂的教学方式与传统的教学录像的区别所在。

(3) 重新建构学习流程。一般情况下，学生的学习过程大概包括两个阶段：第一阶段是通过教师与学生、学生与学生之间产生互动来实现的"信息传递"。"信息传递"是教师提供视频，还可以进行在线辅导，学生则是在课前完成学习；第二个阶段是在课后由学生自己来完成实现的"吸收内化"。"吸收内化"就是利用学生和教师之间的相互交流在课堂中完成的，教师在课前就能够知道学生遇到的难点，所以在课堂上的辅导就更有目的性，同时同学之间的交流与帮助更能使"吸收内化"得以实现。在缺少教师指导和同学互帮的情况下，"吸收内化"阶段会使学生产生挫败感，丧失对学习的动力。翻转课堂则能重新架构学生的整个学习过程。

2. 师生角色的变化

（1）教师角色发生转变。第一，教师的角色从传统课堂上的讲解者转变成了学习的督导者和引路者，课堂也不再只是教师的一言堂，但也并不是削弱了教师的主导地位，只是学生的主体地位因为翻转课堂的原因得到了充分体现。教师可以利用一些有利于学习的组织策略性活动，如基于角色扮演、问题的研讨、小组鼓励性学习、游戏化学习等来提升学生对学习的兴趣。第二，教师在教学内容上也承担着教育资源的提供者和视频讲解课程的设计开发者的角色。在课前，教师要做好相关知识的教学课件及相关的网络资源等，便于学生能从各个角度充分掌握所学知识。

（2）学生角色的转型。在翻转课堂教学方法下，学生可以自定义学习计划，可以有效控制自己的学习时间、学习地点、学习内容、学习量的多少，在整个学习过程中成功由传统的知识接受者转型为学习中的主角。在课堂上可以充分发挥自己的学习和互相帮助的能力，这样能更好地理解和吸收知识。因此，学生的角色也发生了转变，从知识的接收者变成了知识的生产者，同学之间可以互相帮助，接收知识快的学生可以帮助接收知识慢的学生，承担教师"教"的角色。

（3）可自主安排学习时间。学生可以根据自己的时间来安排学习，也可在"碎片时间"观看视频。随着现代信息技术的不断发展，学生完全可以掌握自己的学习进程，可以根据自己的学习状况来选择哪里需要反复观看，哪里不需要看；学生还可利用交流平台问同学或者教师问题。因此，学生就是知识的主动建构者，而在传统的教学中很难做到这种及时性和适切性。

（4）翻转课堂的教学环境。正是由于现代信息技术的不断进步与发展，创新的教学模式才能得以实现。传统课堂只是利用粉笔、黑板、PPT等教学工具形成的教学环境，而翻转课堂却利用全面的学习管理系统整合了线下课堂与网络空间。这个学习管理系统对教师和学生都有很大的作用，教师可以利用它组织和展示各种教学资源，对学生的学习情况也有所了解，这样辅导起来更有针对性；学生可以利用它与同学一起学习、互相帮助，完成学习任务。

（5）翻转课堂的"混合式学习"。欧洲国家的许多学者普遍认为，翻转课堂是一种全新的"混合式学习方式",是增加师生之间互动及学生个性化学习的一种新型手段,对课堂教学模式产生了重大变革。事实上,翻转课堂的初衷就是课前看视频听讲解、课堂做作业或讨论这两种学习方式的混合,面对面传统的课堂教学与在线教学方式结合起来的混合式学习模式。

(6)翻转课堂实现个性化教学。翻转课堂拥有自己的教学模式,它把群体教学与个别教学结合到一起,它认同每个人的发展速度都是不同的,以及教学的步骤也是不同的。每个学生所具有的潜力是不同的,拥有的智力也是不同的,因此每个人的发展方向也不同。同种条件下,同样的学习内容,有的学生能够完成得既快又好,但是有的学生却需要花费很长的时间和精力去学习。传统的课堂教学希望所有学生都能在同种条件下完成相同的学习内容,这是不可能实现的,因为传统的课堂教学没有考虑到不同的学生对学习要求的标准也是不同的。然而在翻转课堂的教学中,学生不仅可以主动地掌握自己的学习进度、体现异步的特点,还可以根据学生提出的问题进行研究讨论,教师根据每个学生的情况对其进行指导,这从根本上也符合异步教学所强调的"教学内容问题化、学生学习个体化、教师指导异步化和教学活动过程化"的基本特点。这样看来,翻转课堂具有的异步性的特点能够提升学生学习的主动性和学习效率。

二、翻转课堂教学方法的基础理论

(一)泛在学习理论

21世纪,计算机技术和网络通信技术突飞猛进地向前发展,同样的学习模式也在相应地不断变化,从刚开始的数字化学习(E-learning)后来又出现移动学习(M-learning),现在,最先进的泛在学习(U-learning)又浮出了水面,比前两者更深入,更有研究价值。

近几年,泛在学习(U-learning)已经普及到全国各地,甚至很多国外的学者们也在使用及研究这种学习模式。泛在学习主要是学者根据自己的需求和自身的条件不断积极地运用广泛的计算技术来学习多种丰富知识的一种学习模式,它是数字化学习和移动学习的深入化和广泛化。泛在学习的使用范围是无限制的，它可以不受任何时间与空间的限制来开放灵活地完成自己的学习目标，可以活到老学到老。

有很多学者在理解泛在学习概念的时候认为其与泛在计算（ubiquitous computing）的概念有联系，并觉得泛在学习概念是在泛在计算概念的基础上完成的。1988年，学界对计算机与网络的应用再次进行深刻的研究，最后得出了"泛在计算"这一对人们影响最大的看不见东西的概念。之后，泛在计算技术不断在教育界深入发展，以至于深层化的泛在学习诞生了。从此，泛在学习在泛在计算的影响下让个人的学习活动不断地融入日常生活中。

通过对国内外学者的研究成果的整合总结，泛在学习主要分为以下5个特点：

（1）泛在性。学者们可以在任何时间和空间下来泛在性追求自己的学习目标。

（2）可获取。学者们可以放心大胆地在所有地方追寻自己的学习资源。

（3）交互性。在学习过程中，学者们可以不断与教师及专家进行互相交流和沟通，来实现共同进步。

（4）教学行为的情境性。通过把学习和生活中的每个细节相结合，让特定的知识问题在这种情景下很容易被发现。

（5）关注现实问题。学者们在泛在学习的过程中，将他们在现实中所遇到的问题得以有效地处理，并完成自己的学习目标。

跟着网络信息技术和教育技术迅速发展，学习的方式也是一步一步发展到现在的泛在学习，并也向未来的方向不断前进。泛在学习不管什么时间和什么地点都可以被学者广泛地运用与学习，具体来说，通过现在的信息技术在网上开设微课的方式，让更多的学者可以通过计算机和手机等通信方式下载并学习相关的知识。

（二）翻转课堂学习理论的掌握

20世纪60年代，通过对以前的学习能力提出异议进而掌握学习理论被提出。人的学习能力从出生开始就有不同的差异，从正态分布分析，大多数学生的能力都处于中间档次，有少数学生处于高能力及低能力。因此，教师可以应用智力测试的方法来预测学生成绩的好坏。许多个别差异的学生并不是真的个体所固有的，而是偶然的。由此可见，学生只要有合适的条件，都能学会他们想学习的知识。

学生相互之间的差异性与学生学习能力的差异性是两个不同的概念，直接影响学生学习能力的主要原因就是他们的学习时间与学习速度是有区别的，同时学习时间与学习速度是可以后天调整的。学习程度的快慢主要取决于学生实际所用的学习时间与掌握吸取该学习的成果所需的时间的函数，即

$$学习程度 = f(实际用于学习的时间量 / 需要的时间量)$$

学生要想充分地吸取知识，就要把自己实际用于学习的时间加以延长并充分利用起来。

影响学业成绩的重要原因是学生在接受新事物之前自身所具备的条件，一部分原因是学生对所学的内容是否产生共鸣，还有少数原因是教学质量与学生之间没有确切地融合。经过大量实验验证，个别教学是最为理想的方法，但由于资源高校有限，因此暂且无法推行个别教学模式。教师按照章节顺序将教学内容分解成不同的模块，以学生掌握的教育目标理论为基础，设计每一模块的教学内容，之后适当地布置一些测试性题，不断检测学生对知识点的掌握情况，随时对所安排的教学内容进行调整。教师可以因人施教，因为每一位学生对概念的理解都不尽相同，所以教师需要针对不同的学生做相应的调整和补充。在传统的课堂上，教师为了整体教学的进度，通常是群体教学，往往忽略了部分学生对知识点的接受与否。而当下网络时代教学恰巧克服了这一弊端，翻转课堂把个性化学习真正地落到了实处。

根据对学习理论的掌握情况，翻转课堂教学方法把学生的实际学习时间充分利用起来并提高了很多。学生在利用翻转课堂教学方法进行学习时，在上课前学生自己可以先在微课上简单地学习基础知识并了解观看微课的时间与频率，然后，教师通过这个模式能够确切地了解学生的学习状况并加以正确的辅导。教师根据课前了解到的学生微课信息做有关方面的教学方案。通过这种模式学习以后，学生积极主动去自主学习，对学习的态度有很大的改变，知识的掌握度必定增高。

(三) ARCS 动机设计模式

ARCS 动机设计模式是在动机—成绩—教学影响理论的基础上提出的。这一模式认为，影响学生的学习动机有四个要素：注意（attention）、切身性（relevance）、自信心（confidence）、满足感（satisfaction），将四个要素首字母组合在一起便是 ARCS 动机设计模式。因此，教师在进行教学设计的同时，还应根据教学内容进行动机策略设计，激发学生的学习动机。

按照 ARCS 动机设计模式，在教学活动开始时，教师首先应该唤起并维持学生的对学习活动的注意；然后使学生理解完成这项学习任务与他自身密切相关，建立教学与学生之间的切身性；接着要使其觉得有能力完成任务，使学生产生并维持对学习的自信心；最后学生获得完成学习任务后的满意感与成就感。

(1) 唤起注意力。只有注意力被充分唤起，才能让新的刺激进入学生的意识阈。教学活动展开的第一步就是激起并维持学生的注意力。当教育者进行教学设计时，首先需要考虑的就是如何引起学习者的认知好奇，将他们的注意力有意或无意地指向学习活动。

(2) 提高切身性。当认知好奇心被唤起后，学生可能产生一些问题，这些问题所涉及的就是切身性的问题。当学生意识到他们参与的学习活动可以满足他们的需求时，学生的动机水平就会提高。当学生意识到如果他完成这项学习任务可以得到教师与家长的奖励时，这种带功利性质的属于目的指向的切身性；而有的学生会对小组活动之间的协同合作情境或组间的竞争机制所吸引，学生对学习过程的体验更感兴趣，这属于过程指向的切身性，这种切身性常与满足学生需要的教学方法紧密联系。

(3) 增强自信心。能力知觉、控制知觉和对成功的期望是影响自信心的三个重要因素。人们认为成功需要一些必要的能力才可以实现，当人们认为他们自己拥有这些能力时，动机就可能会被激发，这是能力知觉对自信心的影响。人们的行为总会产生一定的后果，当人们认为通过自己的努力可以对后果产生影响或者改变后果时，他们对行为的自信心将会增强，这是控制知觉对自信心的影响。对成功的期望类似于自我实现的预言，如果学生认为他不可能成功地完成学习任务,他就会选择放弃,即使学生的注意力被引起并得到维持,切身性得到体现。

(4)获得完成学习任务后的满意感与成就感。让学生感受到学习的价值、学习的快乐,让他们在学习中获得满足,包括自然的结果、积极的结果、公平等。

三、翻转课堂教学方法的应用

(一)翻转课堂教学的方法

第一,课前教学内容的选择和制作。在进行教学设计时,要充分考虑教学目的与视频的契合度,教师可以选择已有的视频资源在翻转课堂上运用教学,这样可以节约时间与精力,很多理科类公共课程、世界名校公开课、中国国家精品课程、微课网等都为教师提供了寻找与自己教学内容相关的优质教学资源。借助原来教学视频的帮助,可以使一线教师节约时间,同时也避免了普通教师对于上镜有所压力,网络资源的共享帮助了教育资源充分的运用。在这基础之上,怎样利用教学视频抓住学生的眼球,怎样把视频制作质量提升,这都是翻转课堂所要面对的问题,可以利用以下方法提高教学视频质量:增强声音的感染力、重视幽默的运用、增加适当的注释等方法。

第二,智慧的课堂导引。翻转课堂相对于传统课堂来说,拥有自己独特的学习时间段,即后视频阶段。因此,学生已经掌握了知识点,第二天的课堂学习才更为重要。教师要根据学生的不同情况对其有针对性地进行教育,这才是最理想的课堂:教师因材施教,学生有效学习。教师在课堂上讲得生动,吸引学生的注意力,才是对教师智慧与功底的考验,在上课之前,教师应思考学生观看视频时会提出什么问题,做好准备;在上课时,教师应该把学生提出的问题快速地分类整理,参与或者组织大家一起解决问题,同时提出具有针对性、引领性、启发性、探究性的问题,让学生进行更深意义的讨论。在这个过程中,教师要观看学生的表情和话语,提取信息,因材施教。只有在教师与学生、学生与学生之间的密切互动中,有意义的学习活动才能持续推向纵深。

　　第三，课后拓展与升华。虽然学生利用课前自学、课中内化的方法掌握了课程的内容，但是他们并没有与现实相联系，仍然是独立的、不相关的、现实效用欠缺的惰性知识。要把这些知识内容真正转变为学生自身的知识，一方面需要他们自己理解和掌握这些知识，习得和掌握相应的操作技能或技巧；另一方面，需要他们学会思考问题、理解问题。这就要求学生不仅要了解自己学习的内容与目的，更要掌握怎样学、怎样用。因为知识的学习不能仅停留在表面，更应透过现象看本质，辩证地进行学习，要善于将所学的新知识融入大脑已有的认知结构中，从而在已形成的认知体系中重新建构起新的有效的联系，学会迁移学习，具体问题具体分析，根据变换的情境做出决策，然后解决问题。因此，教师在翻转课堂的教学实践中，要拓展知识点，设计新技能，在课后给学生布置下去，给学生提供真实情境中锻炼的机会，与此同时，要教会学生进行反思，锻炼他们进行课后反思，帮助他们养成自主反思的习惯，从而促进学生知识技能的进一步内化、拓展与升华。

　　第四，学习理论。随着网络时代的不断发展，游戏在学生中逐步流行，也正因如此改变了人们对网游的排斥，但是国外在20世纪80年代利用游戏和教育界的结合开始研究教育游戏，将网络游戏融合在教学设计中。最近十几年，这种游戏化学习才在中国成为热门研究。

　　游戏化学习可以培养学生有目标存在感，借助游戏里的规则方法选择适合自己的发展方法、教学策略，以达到在整个教学过程中将概念、规则和学习很好地结合。

（二）翻转课堂的教学模式

　　翻转课堂的教学模式是教师设立课程目标，并制订课程计划，包括课上内容、阅读内容和预备布置的作业等。教师在学习活动里充当设计者的角色，能够清晰地指导学生进行自学，引导学生明白该学习什么、怎么学，给学生布置微课或提供学习资料。让学生能够自主学习，在有难题或疑问时能够通过视频实现知识传递，提取学生学习的反馈信息；学生则在自主完成作业及教师提供的学习资料外可随时通过网络平台记录下自己遇到的问题，并通过视频反馈给教师。具体来说，可以分为以下五个步骤：

第一，课前练习。学生自主学习，完成教师布置的作业，通过课前练习来巩固自己的学习进度，起到强化训练的作用。

第二，在课前学习的基础上，教师通过教学视频来调查学生的学习进度情况，可适当提供参考资料，但资料难度最好不宜超过课前提供的学习任务，以便激发学生在学习过程中的成就感。

第三，要让学生明白不能只靠课前的努力，要通过互动学习引起学生的思考能力；同时，鼓励学生协作学习、互相讨论学习，针对学习中的难题能进行交流，达到解决问题的目的。

第四，在师生间、学生与学生之间互助学习的基础上，设计展示的教学活动，通过解释和阐述的方式，加强学生对新知识的巩固与应用。

第五，在成果展示的同时，教师应对学生及时评价。教师引导学生反思自己的学习情况，并及时端正学习态度，采取有效的方法和策略等。

(三) 翻转课堂教学方法在中国的应用

在我国大力推行翻转课堂的实践过程中，依然要以我国本土的优秀文化理论为基础，在保留优质的教育理论的同时，大力引进和学习国外高效的教学模式，从而实现真正意义上的中国化翻转课堂。翻转课堂具有美国社会的教育印记和文化背景，在实现中国化的过程中，一定要维护和保留我国传统教育文化中的优质成分，取其精华，去其糟粕，做到择善而从。因此，在将翻转课堂本土化时，首先应当正确认识翻转课堂这种教学模式。虽然翻转课堂在创立新意方面略胜一筹，但是对于它可以推翻传统化教学模式这一说法并不合理，应该以不同课程的特点、不同科目的特征、各阶段教学的目标要求及目前具有的教学条件为基础，把翻转课程适当地融入其中，最终实现翻转课堂的完美运用。

1. 翻转课堂运用的条件

考虑到我国现阶段的教育实际条件，粉笔和黑板仍然是我国学校教育中的主流教学工具，教学效果并没有很大的改善，假如完全摒弃传统的教学工具，当前的教育教学工作将无法正常运行。翻转课堂要想在我国教育教学中真正的应用，需具备两个基本的条件：

（1）需要有大量完备的教学资料和视频为基础。目前这些视频资料通常都是各学科的教学者提前制作和录制的，如果资料过于单调或者用处不大，学生肯定对此没有足够的兴趣，更不用说提升教学成效了。所以，高质量的教学水平和高标准的视频制作是翻转课堂对教学者的主要要求，目前还是在趋于完善的过程中。

（2）自律性和意志性。翻转课堂对学生的首要要求是自律性和意志性，而学生自控力的提高不是短时间内就能形成的，它的提高需要多方面的共同努力，特别是与学生的年龄大小密切相关。在实际教学中，假如翻转课堂真的应用到教学实践中，高校教育应该比中小学教育更容易一些，推广起来的难度也相应小一些。之所以会出现这种情况，是因为我国当前的高校教育更加注重学生的自主学习，而且随着年龄的增长，学生的自律能力会更强，大学的空余时间相对更多，硬件条件也相对更为先进，能够为翻转课堂的教育教学创造更好的条件。

2. 翻转课堂运用的途径

（1）转变教育观念。我国传统的教育模式特别强调"尊师重道""为人师表"和教师在教育工作中的"传道、授业、解惑"作用，从而进一步强化了教师在教学中的监督、传授作用和对整个教学过程的主控地位。总之，我国传统的教学模式是重教育轻学习，要实施好翻转课堂，必须改变"以教师为中心"的传统思想。翻转式课程是把学生在课前的线上学习、课堂的面授相结合。在线学习是在教师的启发和协助下进行的；而面授教学是以教师教学为主，学生自主交流与探究为辅，从而提升学生的领悟能力。若想达到预期目标，就需要把两者相互结合，即传统化教学与数字媒体教学的有机结合，不但使教师的教学能力得到了展现，而且强化了学生在教育活动中的地位，同时也使学生在学习过程中更加积极主动。

要更好地实施翻转课堂，教师的传统教育理念必须与时俱进。传统的教育观念是从意识形态上做出抽象和概括的最大化，与之相应的教学方式方法、学习模式都是教学理念的类属概念；教学理念和教育观念是相通的，具有同一性。例如，"以教师为核心"的教学理念，教育观念就是强调教与学活动；"以学生为中心"的教学理念，其教育观念是强调混合式的教育思想，但并非是二者的简单重叠，而是经过不断的改良，并且以最恰当的方式方法推行，才能凸显成效。所以，广大教学者转变教学理念和教学思想是积极有效开展翻转课堂的有力保证。

（2）加强对翻转课堂的系统研究。目前，翻转课堂在我国进行了有效的开展，并且颇受欢迎，但大都是一些简单的平台操作、模式构建等相关技术层面的问题；各地的教育机构也相继开展了不同类型的现场宣导会，基本上都是经验之谈、课堂操作与演示、平台操作，以及实施的决心和方法等；部分学校之间照搬外国的课堂模式，遵照着进行效仿。现阶段更多的是一些学校、机构的领导和信息网络平台的参与者在大力推行翻转课程，能对翻转课堂进行系统科学的分析者少之又少，这很不利于翻转课堂在我国的发展。翻转课堂具有美国社会的教育印记和文化背景，尤其固定的教学实践模式，虽然它的适应度很广泛，但是也不能漏掉其政治、经济环境所造成的影响。不能步入盲目效仿的误区。所以，若想实现真正意义上的本土化翻转课堂，就要深入、透彻地探究它的建构之"源"、发展之"本"、成功之"道"，而不能单一地搞形式层面的效仿。此外，也要意识到解决翻转课堂的一系列难题并不简单，任重而道远。

（3）创新教育评价体系。近几年我国教育理念和教学模式的深化改革有效证实了教育信息化工作发展迅速，要不断地得到创新，就要从本质出发，加快从教学向自学的转变，从单一的课堂学习为主向学习方式多样化转变，从知识传授为主向能力培养为主转变。加上信息技术在翻转课堂教学的不断成熟，值得期待的是，翻转课堂必将会成为我国教育界的新一轮教学改革。但对试验学校的调查进行分析后可以发现，课前要求学生观看的教学视频和 PPT 应用并不是翻转课堂学习方法的唯一条件，而是将课堂组织管理、教学视频和微课堂设计有机结合。所以，翻转课堂教学效率的提高既得益于教材的信息化整合，也得益于教学结构的合理调整和教学流程的有序编排，翻转课堂整体效能的增值得益于从理念到方法的综合性变革。从完整的角度看，翻转课堂是相对于传统教学而产生的一种全新授课安排，它针对的是传统教学中教师"填鸭式"、学生难以养成主动思考的习惯。翻转课堂将传统课堂的45分钟精简到15分钟内传授给学生,更多的时间用于学生之间的交流、教师对学生的辅导、答疑和作业的完成,时间的支配上更加灵活,进而为学生更好地自主学习和翻转课堂的有效发挥创造了更好的条件。但翻转课堂并不能完全代替传统教师"传道"的角色,只是"传道"的具体形式、时机掌控、内容涉及上有所改变,因此它的核心思想是对"知识传授—内化"过程的合理调整。教师的个性化教学、情境化教育模式、针对性教学、整体性教育模式仍然占据非常重要的地位。因而,从这个角度讲,翻转课堂是对固有的传统教学模式的一次颠覆性改造。但是翻转课堂能否真正地适应中国的教育实际,还需要在实践中进行探索和检验。

想要翻转课堂真正实现中国化,必须积极探索新的教育评价体系。课件的制作、教学视频的录制、我国目前的教育评价体系都是影响翻转课堂教学方法在我国发展的重要因素。特别是我国目前的教育评价体系,仍然存在着教学评价标准过于单一、方法过于简单、教学评价的技术相对落后等缺点,考试成绩仍然是对学生进行综合评价最主要的标准,学生的升学率仍然是学校工作评价的最重要指标。在这样的教学评价体系影响下,教师、学生、家长的期盼是考个好成绩,所以学校对翻转课堂的实践教学持犹豫和迟疑的态度,家长和学生对此持相对保守的立场也在情理之中。如何走出一条知识增长与能力发展协调并进的路子是我国教育工作的重中之重。

第二节 基于翻转课堂思想的高校英语教学设计

一、高校英语"翻转课堂"的教学模式

(一)课前教师制作微课

各高校英语教材没有太大区别,通常涉及话题单元和文章及听写的部

分。网络时代下的课堂,不提倡传统模式的课堂方案,避免大篇幅地讲解课文,那样既浪费教师的时间又对学生没什么效果,同样是教师在制作微课时所应该避免的问题。在制作微课前,教师提前总结本单元的重点,微课视频中涉及的内容就是词汇、语法及写作的部分。所以,需要提前总结归纳使微课视频条理清晰,内容生动完整。为使学生快速消化,一般视频时间是 10 分钟左右,可适当地穿插一些动画和习题。高质量的微课无形之中给教师增加了压力,所以在制作微课的过程中,教师之间可以分工合作,一起完成微课教学,杜绝出现低质量的微课视频影响教学质量。微课可以在课堂上讲解,也可以放在校园网站共享平台或者和其他学校间共享,不断寻求改进。

微课可以是自己制作的视频,也可以吸取其他高质量的课程视频进行学习,如哈佛耶鲁公开课、"慕课"(MOOC)等大批量的微课。由于微课资料的繁多,难免会给学生在选择上造成困难,教师推荐网站的同时帮学生提炼出内容的重点,根据学习能力的不同,布置学习任务的数量可以适当设置上下限。

(二) 课前学生进行自主学习

对于培养学生的自主学习,教师可以提前计划布置一定的任务给学生,同时提供给相关的资料包供其参考。考虑到每位学生的自身条件不同,可以设置必选和可选的资料包。学生自主学习就是课前的预习,熟悉将要涉及的知识点,了解单词的用意,在学习到基本知识点后可以看一些较复杂的问题,对照微课教学视频进行反复训练,根据微课视频的优势随时记录有问题的地方,找出所有问题,然后归纳问题,与同学之间可通过网络平台或者自主翻阅资料等方式解决问题,经过一番探讨之后还有遗留的问题可以反馈到教师处获取最终答案。通过这种方式,可以使学生由被动接受知识转变为主动寻找答案,就是运用这种模式激发学生寻求答案的欲望,进而锻炼其判断能力和归纳问题及处理问题的能力,一系列的方案有助于学生自主学习得到强有力的提升。

(三) 课上教师解惑答疑，帮助学生内化吸收

在大学课堂上，由于课时的缩减导致高校英语教学的质量降低，因此如何安排课堂的教程，学生和教师之间如何做和教也是一大难题。众所周知，要想玩转英语，互相之间的交流是必不可少的。因此，利用微课，让学生在课前将重点和难点进行归纳学习；在课堂上，教师从主导者的角度转变成引导者给学生讲解问题，让学生尽可能地在课上反复练习。教师将大部分时间留给学生，将少部分时间用来给学生解决课前集中好的疑难问题，选取恰当的时间安排学生进行自主学习的测试，检验众多学生所积聚的主要问题。课堂上，教师可以通过组织各种活动来巩固词汇量，如比赛游戏、辩论大赛等不同形式的单元主题。

(四) 课后师生反思交流

教师在微课之后，需要总结归纳教学中的问题，随时关注网络评价，不断地完善不足从而强化微课内容。同样地，学生在课堂之外，总结所学习到的知识点并随时与教师相互交流，正所谓教学取长补短。为了鼓励学生在课后积极主动拓展，教师适当地采取加分制方式，如知识点的归纳和笔记总结等一系列方式让学生对教学内容进行巩固。

二、基于翻转课堂思想高校英语教学的设计思路

伴随着教学体系的创新完善，大学英语的教学方式正不断改革，也在发生着日新月异的改变。从最初的单一教学结构转变为今天多元化的教学结构，教学效益可谓大幅提升。而翻转课堂这种新型理念正在逐步改变传统的教学模式，不再是以教师为中心，不再是"授人以鱼"的教学效果，其完全独占整个高校英语教学，深受各界人士的喜爱。

(一) 在教学设计方面的思路

尽管中国传统的教学模式已经在国人心中根深蒂固，但是并不意味着应该一成不变、翻转课堂就不能替代传统教学模式。只要做好以下两方面

的转变，传统教学模式也可以被打破，翻转课堂便可以成功得到应用。

首先，无论是教师还学生都应该从自身出发，做好身份角色的转变。从教师的角度来讲，之前的授课模式都是以自己为中心，如今转变为督促、监督和指导的身份，那么这个过程中就极其考验教师是否能够及时发现学生学习中的问题并且做出指导，否则不仅学生学不到有效的知识，教师也会被架空，没有尽到做教师的义务。而对于学生来讲，打破常规的翻转课堂，让学生的学习由被动变为主动，这个转变是不容易的，学生要逐步适应这种模式，锻炼自己的独立学习能力，跟上自己的学习步伐，片刻不能被懒散"拐跑"。

其次，学生应该注意翻转课堂的时间调配问题，课下要主动完成应该学习的知识任务；在课上也能将自己掌握的知识积极与教师和同学交流，将不明白、不会的问题及时提出，相互之间形成互动，不要有任何"自己提的问题会不会很愚蠢"这样的顾虑。在翻转课堂的教学模式实施过程中，不仅加深了学生与学生、教师与学生之间的交流，还拓宽了彼此之间相关知识结构的层次深度。

(二) 翻转课堂及英语教学

翻转课堂这一新颖甚至超前的授受理念得以快速发展，离不开教育学家和心理学家的持续钻研。经过他们的反复研究，他们完全否定了之前的那种教学模式：教师不顾进度地"灌入"知识，学生等被动式地"输入"知识，完全没有独立自主的学习能力；相反，翻转课堂模式采用"先学后教"、学生完全自学的模式，彻底培养了学生的自主学习能力，并且学生可以在这个自学的过程中充分发挥自己的想象能力，尝试各种学习手段，最终找到适合自己的。另外，教师也不再一味是"灌入"者，而是变为学生答疑解惑的"好帮手"。翻转课堂教学模式的成功引入，极大地促进了英语教学的发展，让语言的地位得到了前所未有的提升。

三、基于翻转课堂理念高校英语教学模式的设计

选择高校大二的学生作为研究对象，分别采用观察法和交谈法开展了

为期两周的研判交流,对高校英语教学的特点总结如下。

(一)课堂的特点

对于书本原有知识的教学,课程的前半段教师会重点教授,速度会相对快一些,那是因为课堂教学时间短暂,教师会留出大量的时间练习学生的读、说能力,教师甚至会将学生以小组形式相互交流,但是结果往往不能尽如人意。由于教师讲的单词、文章、长难句较快,教师留下的交流时间全被学生用来相互之间抄笔记,完全违背了教学的初衷,这样学生与学生之间的沟通不频繁,不能达到学生思想的交锋。

其实每一堂课教师都是做了精心的提前备案,所以在课堂上,教师会将每一个单词的意义、拼写、读法和用法完完全全教给学生,这样无形之中就会占用大量的课上时间。所以,教师也很心急,担心自己准备的知识讲不完、不能讲好,没有让学生达到知识的融会贯通,只是被动接受。每个教师的出发点是好的,但是结果却事与愿违。加之有部分学生课上学习状态不佳,不能集中精力听教师讲课,这样来讲,教师的辛苦更是付之东流。教师完全没有必要花费大量的时间讲一些相对不太重要的知识,可以只针对陌生的、难解的知识进行讲解,然后节省大量用于学生和教师、学生和学生之间进行交流和互动的时间。

(二)评价的特点

关于高校英语教学的针对性评价,对授课教师进行的专题性交流如下:

(1)关于评价形式的想法。分数高说明他们对这部分知识掌握得好,但是并不代表他们对所有知识都掌握得好,反之亦然。因为分数能够代表学生对知识的掌握度,所以学生通常把卷面分数认为是自己对知识的整体掌握度。学生重视的是分数,他们会以分数的高低评估自己对英语教学的学习情况,忽视自己综合能力的提高。

(2)改善现状的办法。随着课程改革进入攻坚期,带动着高校英语教学也进入不断转变的时期,创建一种新型的网络平台供学生学习,英语教师也可以借助这种平台进行网络教学，最终实现一种课下传授知识、课上内化知识的模式。

四、基于翻转课堂理念的高校英语教学模型的设计

(一) 教学模型设计的原则

教学模型设计的原则如下：

(1) 教学对象的普遍性原则。在校大学生作为此次研究对象，可以根据他们的学习情况并具代表性进行研究，实验对象分别来自30人的班级，通常的口语教学和练习都在一起进行，并且彼此之间相互熟悉不陌生，这一点充分说明他们彼此之间进行交流、探讨、合作等没有问题，其思想观念、学习状态习惯都非常相似，代表普通学习者，完全适合于本次研究。

(2) 教学内容的针对性原则。本次教学内容只是一个话题，针对美国总统。在课上要学习的是相关人物的品质、品德等个人品行，而其作为与成就是学生需要通过教学视频在课前了解的。教学内容简单易懂，针对听力、阅读、语法、翻译等进行锻炼，实际操作方便。

(3) 教学目标的明确性原则。教学目标的设定比较明确，主要分为知识目标、情感态度目标，目标层次分明，知识目标是希望学生掌握单词等的发音、书写、意思并能够灵活运用。

(二) 教学模型的设计

基于翻转课堂教学模式的教学流程，设计了如下基于翻转课堂思想的高校英语教学模型，为后续展开翻转课堂教学提供借鉴，如图7-1所示。

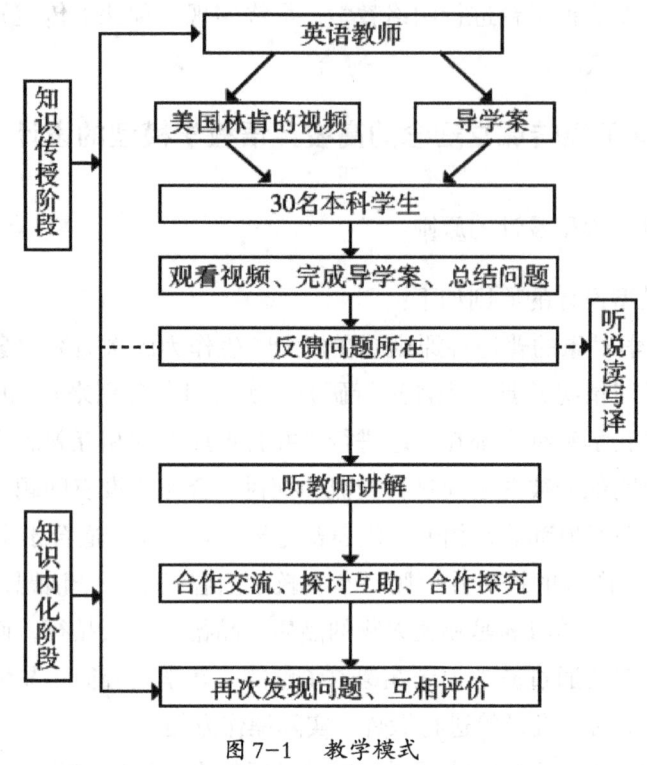

图 7-1　教学模式

五、基于翻转课堂理念的高校英语教学流程设计

(一) 高效课堂的前提条件是充分的课前准备

做好课前准备，教师对课堂的教学目标清晰、流程了然于心，课堂教学将更为流畅、紧凑。课前准备分为以下三个步骤：①教师要明确所教授的教学内容，设计符合教学需求的导学案，因材施教，确保每位学生都乐于参与并且有所收获，这是教学的依据、备课的蓝本。②导学案主要是引导学生主动学习，教学视频、导学案应提前准备分发并注意应符合学生适龄的学习特点。要求其课前观看视频，认真预习，自主进行教学内容学习，解决导学案中基础部分后做提高题，对难度较大的问题要做好标记并罗列出来，以便在课堂上学习时更加具有针对性。③教师在课前收取学生的导学案，进行疑难问题的归纳，待到课中辅助学生解决；学生也可用其

他互动方式，与同学进行交流讨论学习。

(二) 课上互学，充分利用导学案

教师需提前一天收集学生已经完成的导学案，逐份查看，了解跟踪学生导学案的完成情况，耐心分析、细致查找学生在学习过程中出现的知识点"卡壳"状况，以此作为对导学案完成情况的调研及学生导学案完成的小结与指导。要积极主动寻找方法，如可以多次反复播放相关教学视频，既温故复习又发现新疑问，自主高效地解决学习中的疑难点。教师也可安排各小组进行组内的互动学习，在小组交流环节再次对知识点强调、指导、点拨，学生要结合教师指导，进一步讨论展示内容，发挥互帮互爱的作用，让已经适应且效果显著的学生帮助仍需磨合潜力未发掘的学生，以期每一个学生都能更好地自适应所需知识，进入学习的良性循环。

(三) 课后积极探究高效教学方法

课后教师应根据学生的课上表现及导学案反馈中学生的接收度，总结学生学习中的不足，探究较好的高效教学方法，对课堂进行优化。发现学生学习中的闪光点和亮点，对问题及时纠正且弥补不足，以促进学生的知识能在以后的学习中顺利转化吸收；而学生也可以通过新技术手段，如网络平台等与教师及时互动，依据所学习内容尽快掌握新知识，营造"共同探讨，全体进步"的学习氛围。为了更好地解决彼此个人疑问，可以催生更有效的互助式学习。当新教学与导学案分发后，主动学习并发现不能顺利接收、需要到课上解决的问题，真正发挥课堂的高效。教师与学生在课后完成课后反思，进行知识的扩展与延伸。

六、基于翻转课堂理念的高校英语教学导学案的设计

通过观察法和交谈法，在设计导学案之前，分别在课前、课上和课下了解了大学生学习英语的基本状况，并以此划分其学习习惯的类型及每个学生的学习特点。

(1) 自主学习型。主观能动性强、计划性强、目的性强是这类学生的

主要特点，总体来说是积极主动完成教师分配的相关任务并能主动进行课外学习。课堂中，在教师的引导下，能够自己发现问题、提出问题，且尽可能自己来解决问题；注意力高度集中，积极主动地回答问题；在聚精会神做好听课记录的同时，也能全方位保持注意力集中甚至听说读写的综合听课；能够独立总结课程的重点、难点、易错点；课后在没有家长和教师的监督下，做好总结，独立完成作业，对所学知识进行概括，抓住应掌握的重点和难点，及时发现不懂的问题，主动与教师进行交流沟通。这样的学生其学习成绩一直名列前茅，已经自觉形成了适合自己的学习习惯。

（2）半自主学习型。积极性要明显次于自主学习型，计划性及目的性较弱。虽能做到课前预习教师分配的任务，却不能学习课外知识来填充学习内容；无法达到举一反三的学习效果；课上会主动跟着教师的教学思路，也能够主动做好笔记，但客观来看，他们的注意力并未完全集中，甚至会走神跑偏；并未真心用脑或者说全身心投入学习，无法达到学习效果的系统化、规律化。这样的学生学生成绩并不突出，却也并非很差，没有形成自己良好的学习风格。

（3）应付考试型。很明显这类学生学习的目的只是为考试而考试，缺少正确的学习态度和良好的学习习惯。课前只会应付公事地标画考试的知识点，且多是自以为有用的；课上极为被动，当教师提到考试必考知识点时反应极大，认为万事大吉、大功告成；课下机械性地只复习所谓知识点，不会去做拓展习题，甚至想不到去简单突击，心心念念考到复习点却不会将知识引申、扩展、深化。这样的学生学习成绩一般处在班级中下游，毫无学习方法。

第三节　翻转课堂在高校英语教学中的应用

一、翻转课堂模式在高校英语中的案例教学研究

近年来，大学毕业生的英语听力、口语、阅读、写作能力越来越受到用人单位的普遍重视，但其相对于我国传统英语教学效果相差甚远。面对此种现象，教育工作者，尤其是英语教学人员，应该积极深刻反思此种现状，并力争找出对症之策，努力改善学生的语言学习方法及学习效果。因而，翻转课堂的教学理念出现在一些高等教育的课堂实践中。翻转课堂通过对教学结构颠倒安排，重构教学流程，对英语听力、口语、阅读、写作教学有重要的启示。随着新技术的出现和时代的变革，高等教育英语听力、口语、阅读、写作教学也应该尝试以翻转课堂的形式做出适当的调整。大学英语听力、口语、阅读、写作翻转课堂教学新模式具有灵活性、时效性、开放性、模块化和多模态输入等特点，将翻转课堂的理念引入大学英语课堂，进行有效的听力、口语、阅读、写作翻转教学尝试，学生不再是知识的被动接收者，教师也不再是放音者，有利于实现学生的个性化学习，并为学生创建良好的语言学习环境和条件。将翻转课堂应用于大学英语的听力、口语、阅读、写作教学中，教学反馈效果良好。

（一）翻转课堂在高校英语听力教学中的运用

由于"互联网+"时代的到来，"翻转课堂"作为一种新的教学模式走进大学的课堂。它的教学模式符合英语专业技能的教学目标，现代化的教学手段，把教师主导、学生主体的教学理念体现得淋漓尽致。想要提高外语的听力水平，这是一个需要长时间积累的过程，只有经过不断的学习和积累，外语听力水平才会有所提高。但是，翻转课堂的教学模式打破了传统听力的局限性，使得听力水平的教学质量能够得到有效的提升。此外，还可以把这一教学模式应用到商务英语教学中，这样不仅提高了教学率，还能够提升师生之间的互动率。在听力方面，翻转课堂没有教学传统听力教学的特性，所以它的教学效果也比较明显。如果把翻转课堂与大学英语很好地结合起来，将面临一个巨大的挑战，这就要求教师不断地创新。

1. 翻转课堂与高校英语听力教学相结合

（1）充分利用 TED 资源。TED 是美国一家私有非营利性机构，"用思想的力量来改变世界"是他们的教学宗旨。这家公司的演讲领域已经不仅仅局限于技术、娱乐、设计三大方面，演讲者也逐渐涉及科学家、哲学家、艺术家、画家、心理学家、语言学家、宗教领袖、慈善家等。每年的 3 月份，他们都会邀请科学、教育、商业、环保等不同方面的优秀人物来共享他们的思考与探究。

TED 官网的可及性、思想性、广度及深度使得翻转课堂的实践性得到了极大的保障，大概从六个方面得到体现：①语言材料的真实性得到了保障，这与其他音频材料有极大的不同。一般情况下，上课时所用的语言材料大都是在录音棚里录制而成的，尽管语言的纯正性得到了保障，却失去了真实性。②语言输入的广阔性得到保障，这主要是由于演讲者的主题应有尽有。③英语专业学生的思辨性得到了保障，原因是演讲者都是各个行业的优秀人物，他们的思想与观点都处在学术的前沿位置。④教学时间与翻转课堂的时间具有吻合性，如在官网上发布的教学视频平均在 15 分钟左右，长的 20 分钟，短的 10 分钟。⑤技术手段新颖。TED 官网提供的视频均无字幕，但在视频下面有一个独立的互动文稿（interactive transcript），只有点击"interactive transcript"，互动文稿才会出现，并同步显示演讲者的话语。这种技术支持使得学生可以选择听的方式，如视频、视频＋字幕、先视频再字幕后视频。⑥TED 网站可以实现学生学习的自控性，它提供的内容实现了听什么、何时听、如何听这一理念。

总而言之，TED 给学生提供的教学内容是天然的、未经加工的，并且通过一些教学模式保障了翻转课堂完美地运行。

(2) 加入多样化教学工具：

1) 英语歌曲欣赏。在空闲的时间可以听一些英文歌曲，不仅可以放松身心，还可以在英文歌曲中学到一些表达方式和一些发音的技巧，这样学习起来能够达到事半功倍的效果。

2) 影视作品欣赏。多看一些电影作品也是有好处的。电影情节的丰富性可以很快地使学生融入剧情中，这个过程，消除了学生学习的紧张感，也是他们吸收知识最好的时间。当他们全身心地投入电影情节的时候，就会不自觉地跟着说、跟着读，这样有助于在平时上课时不敢张口说话的学生能够开口进行交流，进而发表自己的观点与看法。

3) 英语竞赛视频。给学生观看一些英语竞赛的演讲视频，在这个过程中，学生不仅可以学习答辩者的语音语调，还可以学会一些在紧急时刻的应变方法；除此之外，还可以学到一些演讲技巧。从不同的方面不同个角度去学习，可以极大地提高学生的英语理解能力。

4) 访谈视频。名人、明星的访谈节目对提高英语水平也有很大的帮助。因为受明星的吸引，所以去看这些视频，他们对这个内容很好奇，然后就会很认真地听取其中的内容，并且其中会有很多前沿的学术性信息和一些真实的实例，这不仅在学习上可以得到帮助，在生活上也会受到一定的感染。除此之外，可以观看主持人的主持过程，学到一些遇到紧急情况如何完美地解决问题的处理技巧。

(3) 建立多元化考核机制。翻转课堂在课堂评价体系方面的教学模式以学生专业技能和综合素质的全民发展为主要目的，主张自主学习和协作学习结合的方法，所以在教学效果评价中就要冲破传统教学模式的束缚，建立以教师考核为主要评价机制，实现师评学生、学生自评、小组成员互评、小组自评和组间互评等多种考核机制，无论哪种考核机制都要把学生作为考虑的主体，教师是唯一参评者或者是参评者之一的一种模式。

上述模式可以通过两种评价实现，一种是形成性评价，另一种是终结性评价。形成性评价主要以考核为主，考察自主式、讨论式、探讨式的学习过程及阶段性的专业性技能是否有所提高；终结性评评价以能力提升为主要目标，运用教育分离的手段，将学生的期末实践能力水平和学习效果作为重点考察目标。

2. 高校英语听力翻转课堂教学方法的设计

在上课前，教师准备好有关的视频和音频，学生在课余时间自主听完；在课堂上，教师主要以引导和研究为主，而不是一味地解说资料、对取答案。把大部分时间放在听力技巧的点播上和对知识的扩展及攻克疑难杂点上，使得课堂不仅仅是讲授式，而是互动、讨论、讲授为一体的教学模式。

第一，教师准备部分。编辑与教学相关的资料：教师在上课的时候，除了要携带教材本身的资料以外，还应该携带自己录制的音频或者视频，作为讲授的资料。例如，一些单元的句子、短语、单词等都可以通过视频及音频资料了解其背景故事，学生可更好地理解单词、短语。例如，在讲解海外禁止携带违禁品的常识和填写背景知识时，就可以借助视频，让学生事先了解这些知识点，然后听取教师的讲授，这样可以把知识点了解得更透彻，更便于以后复习的查找。

（1）整合网络的扩展资料。教学内容不应该仅仅局限于课本内的内容，由于学生接触到的资源有限，所以其语言输出自然会受到限制，时间久了就会对学习失去信心。换言之，互联网极其发达的今天，互联网上的内容极其丰富，如一些公开课、一些演讲等视频资料。听力是一个重视积累的学科，它不同于其他学科，所以教师的教学资源不应该仅抓住课本，也要结合网络资源，使学生的学习生活更加丰富。教师要对这些信息资源进行整合，把它放到课堂上，被学生使用。例如，教师可以去 TED 上下载资源，然后把视频发给学生，让他们有足够的时间去充分地了解和预习。除此之外，教师还可以把难度分开档次，初级的要求是学生能听懂主题和大意即可；高级的要求则需要学生查找对相关演讲人的介绍、主题的背景知识、主题的详细内容、文化信息等，然后回归课堂进行交流沟通，这样既能提高学生的学习热情，又能提高教学质量，可以收获更好的学习效果。

（2）课内教学准备。在教学准备上，教师首先要做的就是掌握熟练的教学本领，熟悉并且恰当运用一些技巧，能够把知识准确地传递给学生，标出重难点，适当的交流沟通会收到更好的效果。在此基础上，教师进行深刻的探究，然后可以在论坛上发表课题研究。

第二,学生活动部分。这部分涉及的是课前预习环节,其中有两个方面活动。如果想达到更好的学习效果,每节课结束后都可以返回上一级进行学习。

(1)了解学习任务。通过网络平台,学生明确学习目标和课内外的学习任务,这样就能根据自身的特点有针对性地学习。

(2)观看翻转课堂视频。对于教师分享的视频,学生要独自下载完成,或者也可以到指定网站观看指定的视频。在观看的过程中,学生要针对教师提出来的问题进行信息整合,明确自身的学习水平和节奏,把收获的信息实时记录下来,同时还可以通过交流平台反馈问题。

第三,课堂教学。要抓住课堂中的重点,学生已经做好课前预习,也就省去了教师在课堂上再次播放此视频的时间。通过预习,学生带着疑虑和疑惑来到课堂,然后教师会明确重难点。例如,在讨论一个新生刚入学的题材时,不仅可以把话题引导到所要学习的知识和技能上去,也可以把学生引导到一个他们感兴趣的地方,使得他们的学习生活更加丰富。

第四,个别化辅导。在翻转课堂中提到的是教学模式是师生互动和生生互动,但是在上述教学活动中主要提及的是生生互动。在这个过程中,教师的主要任务是指导学生参与活动,并且观察和监督他们的表现,在适当的时候给他们提供一些帮助和提点,不过多地跟学生进行交流。在学生自学过后,肯定会出现一些疑惑或者一些理解上的偏差,这就需要教师根据个别学生出现的个别问题进行针对性的辅导。除此之外,还要留一部分时间给学生消化知识内容和独立完成项目,再根据他们独立完成的任务进行个别性的辅导。个别化辅导的时间一般在课堂刚开始的时候或者是其他教学活动之前,这样避免有疑惑的学生遇到更严重的问题。不仅如此,也可以在教学活动之后让学生总结所学的内容,并且帮助他们排忧解难,使他们更好地领会知识。

第五,阶段性反思与总结。对教学工作进行阶段性的总结,找出教学中的不足,使教学工作能够逐渐完善。繁重的工作和工作的紧迫性导致教师没有足够的时间进行教学后的反思。但是,在翻转课堂上,教师能够有足够的时间通过自身实践去探究问题的根本并且在探究的过程中自己可以成为探究的主体；教师在设计翻转课堂的教学思路的时候，能够让自己全身心地投入在教学中，发现问题、研究问题并且解决问题。以研究者的身份置身于教学情境中，用研究者的眼光审视在教学中的各种问题，并且反省自身，对出现的问题进行探究。教师经过一番的探究与改正，不断推进教育行为的改变。

（二）翻转课堂在高校英语口语教学中的运用

翻转课堂是不同于传统教学的一种新型课堂教学模式，它利用现代网络技术和资源，把传统教学中教师课堂讲解这一环节放到课外，而把配套练习、师生互动及生生互动放到课内。对于英语水平差、自信心不足、性格内向的学生，这种和谐关系能够帮助他们消除心理障碍、增强自信，使他们想讲英语、敢讲英语。众多学生已经默认了翻转课堂的模式，他们一致认为这种模式比传统课堂模式更加丰富，并且附带有趣味性的风格。在教学过程中，视频教学往往比死板的书本灵活很多，而且在众多学生中得到了这一结论的验证。学生在观看教学视频的过程中，对外国文化的深入了解表现出积极主动的态度，促进了师生之间的教学情感，同时增强了学生对英语的喜爱程度，在翻转课堂上学生整体表现出轻松的状态。翻转课堂的众多特点，表明了翻转课堂与英语口语教学结合的可能性，并且不断显示出其独特的优势。

1. 翻转课堂与英语口语教学相结合的可能性

翻转课堂可以在一定程度上解决口语课堂教学的典型问题，学界对高校英语口语教学中存在的问题已有深入的研究，其中在课堂教学方面比较典型的问题有：①学生的兴趣和信心不足，口语学习普遍存在焦虑感；②学生的主体地位不明显，课堂口语活动实际参与度不足；③口语学习的内化环节缺失；④学生在课后的口语练习缺乏监督和评价；⑤在传统口语课堂上，很多学生羞于开口、易紧张、怕被嘲笑，对口语学习缺乏动力和兴趣，这已是一个普遍现象。

即便口语教师很擅长调动学生，但也需要花费不少时间引入话题、介绍背景，导致学生口语练习的时间被压缩，使学生沦为"配角"。少数积极的学生容易"统治"小组活动，使多数学生沦为"看客"。即使教师尽量平均地给予学生发言机会，但在一次课上也很难抽到每一名学生，许多学生由于得不到教师的评价和反馈，难以有效地实现知识的内化（如发现和改正错误、提炼口语表达方法、总结口语学习经验）。在课后，口语教师也很难检查学生是否有效完成了口语作业。而在翻转课堂这种模式下，课前学生既可在独立私密的环境下自学，又能获得教师、同学的在线交流，能保护学生的自尊心而不用担心被嘲笑。通过反复练习，学生在课堂上展示出来的是准备充分的、成熟的发言，有助于树立大胆说英语的信心。教师在课堂上可以把更多的时间和精力用于开展梳理知识、互评互助、合作探究、总结点拨、反馈评价等知识内化活动，弥补了实际参与度低、口语实践时间不足的问题，学生也得到了个性化的指导。在课后，教师可要求学生将口语作业上传到在线平台，实现课堂的延伸和对课外练习的监督，能把握不同班级、不同学生在课堂之外对知识的掌握程度和作业完成情况。

2. 翻转课堂模式下高校英语口语教学活动的设计原则

第一，能够体现意义协商的交际策略。母语使用者在与外语学习者交流时会采取两种手段：一种是输入简化，另一种是话语修正。这些沟通技巧称之为交互修正，之后有学者将其称为意义协商，不同的语言学家又从不同的角度对这个术语进行了不同的解释，将"理解核查、确认核查、澄清要求"这些沟通技巧作为交际策略的一部分进行了介绍。本部分内容侧重介绍在意义协商中，说话者根据听话者的水平对自己的话语进行调整修正，使得听者理解原本不理解的话语。在意义协商过程中，说话者为了让对方听懂自己的话，必须关注语言的准确性，如选择正确的词汇、运用正确的语法规则、将单词发准音等。同时，他们也会关注自己想表达的和能表达之间的差距。一般来说，信息沟（information gap）和拼图式（jigsaws）一类的活动最适合体现意义协商的交际策略。

第二，能够体现会话的社会交际性与事务性。在课堂教学之外，与他人之间的交谈往往出于两种目的：一是社会交际，二是处理事务。这里所说的社会交际性就是指交流的目的是建立与维护人与人之间的社会关系；而事务性是指交流的目的是处理事务，如交流信息等。这两种会话又有各自的特点，社会交际性会话比较随意，话题涉及各个方面，你一言我一语，所以相对而言，对于接下来的话轮转换及会话往哪个方向发展具有不可预测性；事务性会话却不同，话题处在一个相对限制的范围里，话轮的转换与会话方向具有可预测性。

第三，符合学生所处的环境、兴趣与学习目标。英语口语教学活动的设计要符合学生所处的环境、兴趣与学习目标。学生所处的环境指的是本地区、本校，甚至本班的实际情况。在活动设计中将本地区具有特色的活动纳入口语教学活动，这样学生在认知上不存在困难，便于激发学生的认知图式，使学生有话可说。用英语表达自己身边发生的事件，学以致用、在用中学，又能激发学生的学习兴趣。学生有了学习兴趣，又会加快学习目标的达成。为了使口语教学活动设计贴近学生的实际，教师偶尔也可以请学生参与活动内容的设计，请他们提供话题和活动形式。教师可以在学生提供的环境背景下设计诸如角色扮演等活动，或采用学生喜爱的歌唱等形式来设计活动。

教师安排学生介绍自己所熟悉的旅游景点——离海口市约20千米的石山镇的"火山群国家地质公园"（Volcanic Cluster National Geopark）。教师之所以这样做，是因为学生对本地的风景名胜有直观的感受，向外地的朋友介绍时，学生会觉得有话可说。

教师问各组学生海口的哪些景点值得向外国游客介绍："What are the places of interest that you think worth visiting? Can you say some of them?"学生回答得比较踊跃，但大多数学生都是用中文说出各景点的名称，如位于海口市区的主题公园"热带海洋世界"，教师在黑板上将学生不能表达的英文名称"Tropical Sea World"写出来；石山镇的"火山群国家地质公园"（Volcanic Cluster National Geopark），俗称"火山口公园"（Volcanic Geopark）；"热带野生动植物园"（Tropical Wildlife Park and Botanical Garden）；"海瑞墓"（Hai Rui Tomb）；"五公祠"（Five-Lord Temple）；还有个别小组提到定安的"南丽湖"（Nanli Lake）和"热带鸟世界"（Tropical Birds World）等。

各组提到最多的两个景点是"热带海洋世界"和"火山口公园"，其中有三个小组还分别向全班展示了这两个景点的图片。他们推荐"热带海洋世界"的主要理由是"You can find a lot of fun there.",推荐"火山口公园"的主要理由是"It's the most beautiful place in Haikou."。教师让全班学生进一步讨论这两个景点对外国游客来说是否值得一看:"Which of them do you think is most worth visiting to foreign visitors andwhy? Can you say more about it,for example,what's special? What canforeign visitors see or do there?"

在教师的提示下,有学生说到"火山口公园"比"热带海洋世界"历史悠久,并展示了附有中文说明的图片。一张图片显示"这一火山群形成于 2.7 万年至 1 万年前",教师让学生用英语说:"The Volcanic Geopark was formed between 27 000 and 10 000 years ago.";另一张图片显示"热带海洋世界建成于 2000 年 11 月",教师引导学生说:"The Tropical Sea World was established in November in 2000.The Geopark is much older than the Sea World."。还有学生谈到"火山口公园是自然景观(natural landscape),在那里既可以看风景,还可以爬山,而热带海洋世界是人造风景(man-made scenery)、儿童游乐场(children's playground),可能不具有代表性"等。学生最后一致同意推荐"火山口公园"。教师帮助学生归纳选择该景点的原因:① a wonder of the world(它是一个世界奇观,既属于海口,更属于世界,外国游客应该感兴趣);② a geological learning(它具有地质学意义,作为世界上最完整的死火山口之一,外国游客可以从中学习到关于火山类型、熔岩和熔岩隧道等许多关于火山的科普知识);③ typical subtropical scenery(除了火山石构成的奇特景观外,外国游客还可以通过那些独特的建筑、石阶、古树、园林及味道独特的羊宴等,了解海南的亚热带风情及其特点)。

教师接着问去过"火山口公园"的学生印象最深的是什么:"Have you ever been to the Volcanic Geopark? When did you go there? What impressed you most?"然后让学生根据自己对"火山口公园"的印象(最熟悉、最有兴趣表达的内容)自拟题目进行描述;对于没有去过"火山口公园"的学生,教师允许他们从课堂中大家提供的各种中英文资料和图片中选择自己感兴趣的内容;对之前提到的景点实在没有兴趣的学生,也可以选择自己所熟悉的海口其他旅游景点作为题目进行叙述。

3.高校英语口语翻转课堂教学方法的设计

翻转课堂教学模式的难点不在于教学顺序的替换，其真正的挑战在于大学英语教师是否习惯这种教学活动。教师要具备将结构化的知识转化成立体、真实的问题或任务的能力，同时又要能够合理地引导学生通过问题或任务的解决掌握相关知识和技能，让学生借助网络资源，通过知识的内化，自己逐步摸索出学好英语口语的方法。

有别于传统的教学设计，在设计翻转课堂的初始阶段，由于翻转课堂的学习主要依靠学生自我建构来学习知识，因此，翻转课堂中的学生分析除了包括认知特点、学习动机、学习风格、起点水平分析外，还必须分析学生对自主学习的态度、技能及学生是否能顺利利用网络平台对教师提供的微视频等学习资源进行有效的学习，在此学习过程中学生是否能够有效利用讨论区或者交谈软件进行师生间、生生间的交流与协作等环境因素。课程内容的分析则必须结合翻转课堂的特点，让教师在较短的时间内（一般为5分钟左右，最长不宜超过15分钟）运用最恰当的教学方法和策略讲清楚一个知识点，让学生在最短的时间内自己完全掌握和理解有价值的知识点，确保微视频能够满足学生的实用、易用和想用的直接需求。

微视频的设计必须紧密联系教学目标、教学大纲和教学内容，避免将重心放在微课制作技术上，如在视频的拍摄、画面的精美和声音的处理上投入过多时间和精力等。课程目标要单一，内容要清晰，使学生拥有更加聚焦的学习体验。微课程设计时要深挖细节，设计主题完整的微问题，以此加强微课程互动，促使学生思考，提高学习目标准确度，使学生对知识的理解更加深入、透彻。无论是知识的讲授还是问题的解决，都要力图解决学生在学习过程中遇到的一些疑难问题。如果是课时较长的重点内容，可将其分为若干小主题供学生学习，使学生明确重难点及知识点之间的联系，促进学生自主学习能力的提高及逻辑思维能力的提升。

微课的最核心资源就是一段短小精悍的教学视频，这段视频应能集中反映教师针对某个知识点、具体问题或教学环节而开展精彩的教与学的活动过程，教学形式和教学活动地点可以多样化，这也是微课教学设计的关键环节。

为将翻转课堂模式实践于高校英语口语课，设计了英语口语课翻转课堂教学模型，简要介绍如下。

（1）课前阶段

教师任务：教师集体备课，制作导学案，明确本次课的教学内容、教学目标、重难点、练习方法等，然后由教师录制微视频。

学生任务：学生在课前登录在线平台，浏览导学案，观看教学微视频，自主控制进度，也可暂停视频去记录语言点或疑难点；接着点击课前练习题，就其中的话题（练习题上话题将在课堂上展示）进行自主口头练习并录制音频。

在线交流：学生在完成自主练习后上传音频到在线平台，下载同学的练习音频以供借鉴。同学间可在线探讨课前环节中遇到的疑难问题并相互解答；教师也可登录在线平台，下载学生上传的音频，了解学生课前练习情况，发现重点问题。

（2）课堂阶段

确定探究目标：课堂探究目标需要师生共同确定。教师可将课前交流时学生所反映出的情况作为探究目标，学生则可把课前环节发现的疑难点和未解决的问题作为探究目标。

探究解决办法：教师组织学生以小组的形式进行探究活动。学生可根据课前自学和练习情况交流各自的观点。在此过程中，教师巡视各组，确保每个学生都在参与探究活动，并提供必要的指导或进行个别答疑。

成果展示：教师组织学生就课前练习的话题开展形式多样的课堂展示活动，如问答、演讲、看图说话、复述故事、二人情景对话、分组讨论、多人角色扮演等，保持学生对话题的新鲜感。

巩固或拓展：在课上，教师应设置有差别的巩固性练习。学生自主选择题目，基础较差的学生可选择基础性习题，解决"温饱问题"；水平较高的学生则可选择拓展性练习，向"小康"奋斗。

二、翻转课堂在高校英语阅读教学中的运用

在英语阅读方面，很多时候翻转课堂比传统模式显示出更多的优势，

这种模式主要体现的是深度阅读,在阅读的同时通过分析产生共鸣。教师要求学生深度阅读,很大程度上养成了学生在这方面的自觉性。经过反复阅读训练后,学生会养成一个快速阅读的技巧,就是这种课前的快速阅读才使课堂上的时间有效地利用起来,让师生共同深入研读进行多方面的问题分析。然而,每种事物的诞生总会利弊相伴,在翻转课堂上,教师应该利用取长补短的方式进行教学,即尽量发挥长处回避缺点,确实将学生的阅读能力提升到一个新的层次。不管是课内阅读还是课外阅读,都应该兼顾学生参与的积极性,这同样是翻转课堂所重视的关键点。

(一)翻转课堂与高校英语阅读教学相结合的优势

翻转课堂与高校英语教学相互结合优势多多,先简要介绍以下五点:

(1)学生阅读兴趣的提高。要想激发学生对英语阅读的热情,在翻转课堂教学方法中,教师需要提前备案,采用一些内容丰富的教材,如视频教学。学生在观看视频的同时轻松自由地进入学习状态,在这种模式下,可在激发学生兴趣的同时快速提升他们的阅读能力。在课外,学生也不会像以往被动接受教师所布置的作业,他们开始主动寻找有趣的英语阅读,自觉性地完成课外阅读。

(2)学生语言能力的发展。学生在翻转课堂上,既找到了学习的兴趣,又提升了英语阅读能力。经过反反复复大量阅读,阅读本身已然不是学生所需,深层次的目的目的是提升学生综合能力,这种提升体现在多方面,如学生的写作能力和词汇量等。

(3)学生个性化学习的实现。学生可以通过翻转课堂的模式反复进行视频学习,根据自身的条件随时寻找学习进度视频,这种方式远比传统课堂教学好得多。在传统课堂上,如若学生注意力不集中,就会错过教师的讲解内容;而翻转课堂恰恰避免了这个问题,可以让每一位学生随时针对学习问题进行讨论,不管哪一环节的问题都可以精确定位并且得到解决,这就是所谓的个性化学习模式。

(4)创新合作能力的培养。在这个多元化的时代下,对人才的需求不单单限制在专业技能上,当下所需的人才是具备全能型的创新意识人才,显然这是网络多元的趋势所在，而英语阅读正是培养这种合作精神和创新意识的方式之一。在传统模式的课堂上，教师占主动权，整个课堂是由教师引导学生进行一问一答的学习状态；相反，在翻转课堂上，学生可以自由发挥，教师起着辅助作用，学生把控自身的学习过程，通过自主学习的过程找到自身的薄弱环节，再针对问题寻求解决方法。通过这种学习模式，可以增强学生的自主意识。在课堂上，学生互相交换意见，在探讨问题的同时快速成长，由学习强的学生带动相对学习弱的学生，使整体的学习氛围提升到一个高度，学生之间的交流不但强化了学习，还使彼此之间的感情更进一步，让他们共同意识到合作、创新的重要性。

(5) 学生综合实践能力的培养。翻转课堂一直倡导的是以学生为中心，不管是课堂上还是课外，学生自主学习精神和合作意识都得到有力的改革，促使他们发现问题并积极主动地去解决问题。通过这种模式，不但提高了学生学习的自觉性，还强化了他们在问题中寻求答案的能力，同时让他们意识到合作的重要性和创新能力及行动力的强大。综上所述，翻转课堂是在传统模式课堂上进行的改革，让教师和学生在很大程度上发生了变化。显而易见，翻转课堂得到了大学英语阅读课堂的一致认可，并且取得了一定的成果。

(二) 高校英语阅读翻转课堂教学案例

1. 教学内容与教学目标

教学内容：The London Eye is on your right.

教学目标：能说出伦敦一些主要景点的名称；了解到地点专有名词往往大写开头字母；能通过阅读弄清文章的逻辑关系。

预期目的：就本课而言，有关景点名称的朗读是一大难点，单词很多，且不在课后生词表中，如果没有课前的预习，课堂上就需要教师花大量时间去解决朗读的问题。另外，学生对于这些景点的了解非常有限，有的学生甚至一个都没听过。如果没有相关的背景知识，仅仅让学生读懂文章，完成任务，那么文章的学习就会令学生感到相当无趣，而且还会错失一次非常好的文化解读机会。因此，教师就根据课堂需要制作了一个微视频,让学生在家观看微视频,完成预习作业。

2. 微视频设计、教学片段与诊断分析

第一,微视频设计。在微视频中,教师首先利用几张学生比较熟悉的世界著名景点图片,让学生说一说它们分别在哪些国家,从而引入伦敦的其他著名景点。由于大部分学生不了解这些地方,教师就在相关的图片下做了简要的中文或英文介绍,让学生对此有直观的了解,并为阅读文章打下基础。此外,利用微视频或课件,提前让学生跟读新单词、理解新单词,将会帮助学生进一步扫清阅读障碍;再配套两个单词理解的题目,将进一步加深学生对单词的理解运用。接下来便是提出阅读技巧,本课的阅读技巧是让学生了解表示地点的专有名词往往开头字母大写。教师设计了以下任务,让学生在阅读文章中运用这个技巧。

任务1:阅读文章并找出游客经过的地点。学生如果掌握了这个技巧,浏览文章时就可以快速找出答案。

任务2:阅读文章并回答问题(写在课堂练习本上)。

通过这样一个预习微视频,学生的生词朗读问题可以提前解决,文化背景知识也可以在课前得到了解。文章初步阅读的前置,让一些阅读能力较弱的学生可以自己调控时间,减轻了他们在课堂上来自同学的阅读压力。阅读技巧的提出,进一步提高了学生的阅读能力。

第二,教学片段与诊断分析。在教学环节,根据学生在家观看预习微视频,跟读生词,了解背景知识,并完成阅读预习作业的情况,教师还需要在课堂上设计活动检测学生的预习效果。

首先,挑战游戏,复习地点专有名词。如:"There are many places of interest in London. You studied them yesterday. Let's play a game. The one who tells us the place you know will get one point for your group.",这部分内容旨在检测学生是否记住了预习视频中跟读过的地点专有名词。通过抢答游戏,学生兴致高昂,课堂气氛热烈。游戏结束后,学生再次跟读,纠正错误发音。

其次,观看课外动画视频,检测学生对文章的理解,校对预习作业。动画是最直观的,有些学生即使读不懂文章的全部内容,也能从视频中猜出个大概。学生在家初步阅读后,通过观看视频,与文章内容进行对比,一些疑问也能迎刃而解。通过校对预习作业,教师能检测学生的阅读情况,并由此调整接下来的深入阅读。

再次,以个人为主、小组合作为辅,完成课本练习。教师要求学生再次静心阅读,尽量自己完成;之后进行小组合作,对不同的意见进行讨论并最终确定。这种让学生说服学生的方式,往往能达到更好的教学效果。

最后,思维碰撞。讨论预习中画出的难词和难句。这个教学环节是利用教室里的白板,当场画出学生提到的难词和难句,由其他学生来讲解,教师最后总结。

回顾这次利用微视频的翻转课堂,是比较成功的。教师首先利用丰富的图片介绍景点,将学生带到伦敦的各个地方,并配上简略的文字介绍,突出景点最大的特色。让学生跟读景点名称,扫除朗读上的障碍。在课堂中,设计抢答任务来检测学生的预习效果,学生积极性高涨,课堂气氛也相当活跃。原本非常难读的名称在学生积极学习的心态下,就很容易解决了,可以说全班绝大部分学生都会正确朗读,而且了解了这些景点。

三、翻转课堂在高校英语写作教学中的运用

(一) 写作的目的

英语写作(作为听、说、读、写四大技能之一)一直是英语课程标准的一个重要组成部分。写作既是学生学习英语语言知识的手段,同时又是一种需要发展的交际能力。因此,英语写作教学的目的是:①为学习而写作,即写作作为学习语言知识的手段,帮助学生掌握词汇、句型、语法和语篇等知识;②作为语言交际技能之一的写作,其基本目的是创造意义,让学生学会用英语来记录或表达自己的思想和情感。这两者之间是相辅相成的关系:学生的语言知识的扩展是其创造意义的基础,创造意义又为语言知识的扩展提供了动力与提升的空间。了解了写作教学的目的,教师在进行英语写作教学活动设计时,要根据不同的课堂环境及需要,处理好知识学习和发展学生交际能力两者之间的关系。

（二）传统写作法

传统写作法最早源于中世纪的拉丁语教学，而应用到英语写作教学实践则始于19世纪，因其根据写作的最终成品来判断好坏，故而称之为"成果教学法"。传统写作教学将写作视为"包装"思想，即作者将大脑中的思想提炼出来，用语言将其包装好，供人欣赏。因此，传统的写作手册大都制定了许多细则，以便作者能巧妙地将自己的思想包装好。而传统的写作教学以教师为中心，教师的授课模式为固定的三个步骤：①在课堂上教师将其大部分精力用于讲解写作的技术性细节的处理；②提供课堂讲解分析，分析讲解主要也集中于结构模式上；③布置题目，要求他们模仿写出作文。教师将学生第一次提交的作文视为最后的成品，对其进行修改和评分。在评判作文时，主要从修辞形式和语言正确度两个方面来进行，每篇作文被视为一系列分裂的片段，而不是一篇形式与内容相兼容的完整语篇。一篇作文成功与否，在很大程度上取决于它是否应用了预先规定的结构模式，是否遵循了课本上和教师在课堂上规定的各项规则。这样的写作教学方式，最终导致学生为写作而写作，过于关注语言形式方面的因素，而忽略了对文章内容的充实，忘却了写作的真实意义，使得成品矫揉造作、空洞乏味。另外，教师选择的题目大多脱离实际，没有充分考虑学生作为写作主体的交际需要，导致学生失去了写作的兴趣和信心，对写作持应付的态度，不仅限制了他们写作技巧的发展和提高，还大大影响了他们的创造性和批判性思维能力的形成。

（三）翻转课堂与英语写作教学相结合的可能性

翻转课堂在高校英语教学中的普及已然非常明确了，不管是从教育主体还是学生主体又或者教学的软硬件角度来看，都是必然要发生的。首先，网络进驻校园之后，学生可以通过各种学习方式提升自身的综合能力，如自习室和电子阅览室等；其次，学生可以随时随地通过移动智能终端来丰富自己；再次，教师可以自己搭建在线学习平台使学生间互相交流，如学校网站的教学论坛，论坛由专门的教师管理并且及时更新最近的学习资料及视频教学等内容，为师生之间有更好的交流机会创造条件；最后，教师不间断地通过布置作文来考核学生。利用教学软件"批改网"批改作文，此软件既节省了教师的时间，又可以方便学生与教师互动留言，在很大程度上提高了学生的写作水平。

（四）高校英语写作翻转课堂教学的要求

高校英语写作翻转课堂教学的要求如下：

（1）教材选择强调课程之间的连贯性、教学素材的本土性。选择的写作教材不仅要包括应用文文体，而且要包括基础写作、文学写作等其他文体，这些教材内容不仅要为学生提供更多的自学资料，而且能弥补教学计划中课程设置缺乏连贯性的不足。同时，在考虑版本时，教材的素材最好来自本土，为学生提供比较熟悉的案例，符合语言教学的真实性要求，适合本地区教学。

（2）教学设计注重教学的多样性、操作性、指向性。

1）为了让学生掌握形式各样的信函内容，教学应该井然有序地逐步加深章节内容，有简单简历和生活便条向商务信函和公务便函转变。教师通过教学的管理平台设置教学方案及相关资料的计划，实时通过网络软件与学生互动交流，同时铺设大量题库并且设有在线测试等方式。

2）学校适当地整改教学形式，如机房安排课程，让学生现场发挥写作，不但能够得到教师的面对面辅导，还能通过网络软件查询相关知识点。最明显的是教师在机房课堂互动期间，可以随时掌握学生对知识点的熟练程度。

3）教师采用任务型教学法给学生制定某一阶段的任务量，让学生全面熟悉各种文体和基本知识的技能。

（3）教学过程强调教学对象的主体性、教学程序的连续性。学生在上课前自学指定的教材章节和电子教案，上课时，教师在布置写作任务后简要介绍任务将涉及的知识点，然后学生分头在计算机上写作。对于学生提出的共同问题，教师会集中讲解，但大部分时间是一对一辅导。为了保证课堂上每个学生的学习积极性都能调动起来，教师发动基础好的学生做小教师,帮助基础差的同学解决一些简单问题。课后,学生把写好的作文上传到教学管理平台的计分作业栏目,由教师批阅。值得一提的是,经过课堂上的个性化辅导,学生习作中的语法和句法错误已经不多见,教师批阅的作用主要在于肯定哪篇作文更加有逻辑性、更加合情合理,并且把优秀作文设置成"展示",为没有到课的学生提供范例。

(4)教学评估强调实践性、过程性。检验大学学生英语掌握情况,最直观有效的手段就是现场作文的检测。所以,这种课程对现场作文的质量特别重视,把它作为阶段性评估的重要组成部分。期末考试采用闭卷形式,范围覆盖本学期所学的全部应用文体,学生要根据要求在机房内完成作文。

参考文献

一、著作类

[1] 白雅，岳夕茜. 语言与语言学研究[M]. 昆明：云南大学出版社，2010.

[2] 卜玉华. 英语教学改革指导纲要[M]. 福州：福建教育出版社，2016.

[3] 曹慧书. 英语语言学理论与发展研究[M]. 北京：中国纺织出版社，2018.

[4] 曹倩瑜. 英语教学理论与教学法[M]. 西安：西安交通大学出版社，2017.

[5] 邓林，李娜. 现代英语语言学的多维视角研究[M]. 北京：地质出版社，2017.

[6] 董娟，柴冒臣，关茗竺. 第二语言习得与外语教学研究[M]. 长春：吉林大学出版社，2017.

[7] 高永奇. 第二语言习得[M]. 苏州：苏州大学出版社，2014.

[8] 龚亚夫. 英语教育新论：多元目标英语课程[M]. 北京：高等教育出版社，2015.

[9] 黄荣怀，周跃良，王迎. 混合式学习的理论与实践[M]. 北京：高等教育出版社，2006.

[10] 贾冠杰. 英语教学理论基础[M]. 上海：上海外语教育出版社，2010.

[11] 康莉. 跨文化视角下的大学英语教学：困境与突破[M]. 北京：中国社会科学出版社，2014.

[12] 蓝纯. 语言学概论[M]. 北京：外语教学与研究出版社，2009.

［13］李庭芗.英语教学法［M］.北京：高等教育出版社，2013.

［14］林立，杨传纬.英语学科教育学［M］北京：首都师范大学出版社，2011.

［15］刘放桐.现代西方哲学［M］.北京：人民出版社，2009.

［16］刘利民.首都外语论坛［M］.北京：中央编译出版社，2006.

［17］刘润清，戴曼纯.中国高校外语教学改革：现状与发展策略研究［M］.北京：外语教学与研究出版社，2013.

［18］钱满秋.现阶段大学英语教学改革研究［M］.北京：北京理工大学出版社，2017.

［19］陶沙，赵志敏，安尚勇.英语语言学宏观研究［M］.北京：中国水利出版社，2016.

［20］王笃勤.英语教学策略论［M］.北京：外语教学与研究出版社，2012.

［21］王建勤.第二语言习得研究［M］.北京：商务印书馆，2009.

［22］王培光.语感与语言能力［M］.北京：北京大学出版社，2005.

［23］文秋芳，俞洪亮，周维杰.应用语言学研究方法与论文写作［M］.北京：外语教学与研究出版社，2004.

［24］夏中华.现代语言学引论［M］.北京：高等教育出版社，2013.

［25］邢福义，吴振国.语言学概论［M］.武汉：华中师范大学出版社，2010.

［26］叶蜚声，徐通锵.语言学纲要［M］.北京：北京大学出版社，2010.

［27］袁芳远.基于课堂的第二语言习得研究［M］.北京：商务印书馆，2016.

［28］赵杨.第二语言习得［M］.北京：外语教学与研究出版社，2015.

二、期刊类

［1］陈亚鹏.MOOC背景下的高校教师角色转型：基于跨界思维视角［J］.湖北科技学院学报，2015(8)：67-69.

[2] 丁永刚，金梦甜，张馨，等.基于SPOC的翻转课堂2.0教学模式设计与实施路径[J].中国电化教育，2017(6)：95-101.

[3] 樊文强.MOOC学习成果认证及对高等教育变革路径的影响[J].现代远程教育研究，2015(3)：53-64.

[4] 方旭.MOOC学习行为影响因素研究[J].开放教育研究，2015(3)：46-54.

[5] 高杰.语言磨蚀对我国大学英语教学的启示[J].现代交际，2016(5)：172.

[6] 高明丽，刘钰.现代大学英语教学模式改革探析[J].人间，2016，208(13)：177-177.

[7] 莫焕然.试论语篇分析在大学英语口语教学中的应用[J].英语广场，2016(4)：92-93.

[8] 庞红梅.基于MOOC的大学英语翻转课堂教学模式探究[J].校园英语，2015(27)：10-11.

[9] 孙史宇，米俊魁.大学生MOOC学习评价策略研究[J].内蒙古师范大学学报(教育科学版)，2015，28(3)：24-26.

[10] 王正青.区域性大学联盟发展的SWOT分析[J].重庆大学学报(社会科学版)，2015(4)：74-179.

[11] 许元娜，何影.论MOOC资源在我国大学英语教学中的应用[J].大庆师范学院学报，2018，38(3)：158-160.

[12] 闫正坤，张萍.翻转课堂时代我国高等教育的教学治理与路径探索[J].江苏高教，2017(5)：25.

[13] 袁巧帆.MOOC背景下高校教师面临的挑战与应对策略[J].赤峰学院学报(自然科学版)，2015(12)：198-200.

[14] 翟国.MOOC对高校信息化教学的影响和建议[J].中国管理信息化，2015(1)：235-236.

[15] 张萍，DING Lin，张文硕.翻转课堂的理念、演变与有效性研究[J].教育学报，2017(1)：5-19.

[16] 张琼.大学英语教学现状分析与改革思考[J].海外英语，2016(5)：

14-15.

［17］张绍东，黄明东，肖安东.依托慕课课程　共享教学资源　优化教学模式［J］.中国高等教育，2015(24)：11-12.

［18］张思文，刘仁坤.关于MOOCs的争论焦点及评述［J］.现代远距离教育，2015(6)：3-9.

［19］张彤.翻转课堂视角下课堂教学管理研究［J］.中国成人教育，2017(2)：94-96.

［20］赵慧，蒋挺.基于微课的"翻转课堂"在高校教学中的应用［J］.中国成人教育，2017(1)：97-99.

［21］郑瑞强，卢宇.高校翻转课堂教学模式优化设计与实践反思［J］.高校教育管理，2017(1)：97-103.